Volksbund *Forum*

70 Jahre Ende des Zweiten Weltkrieges

Ausgewählte Gedenkreden
zum 8. Mai 1945

Volksbund Deutsche Kriegsgräberfürsorge e. V.
Kassel 2015

Die im Jahr 2008 begründete Reihe Volksbund *Forum* dient der Dokumentation von Texten zum komplexen Themenfeld der europäischen Erinnerungs- und Gedenkkulturen. Volksbund *Forum* ist Plattform für Denkanstöße zur inhaltlichen Weiterentwicklung der Arbeit der deutschen Kriegsgräberfürsorge und für den fruchtbaren Austausch von Ideen und Erkenntnissen.

ISBN 978-3-9817711-0-7

Volksbund *Forum*

Inhalt

Markus Meckel
Präsident des Volksbundes Deutsche Kriegsgräberfürsorge e. V.

Vorwort

In diesem Jahr haben wir uns besonders oft und intensiv an das Kriegsende des Zweiten Weltkriegs in Europa vor 70 Jahren erinnert. So präsent war die Erinnerung an diesen Jahrestag schon lange nicht mehr.

Wir haben dies zum Anlass genommen, einige exponierte und bedenkenswerte Reden, die zum 70. Jahrestag des Endes des Zweiten Weltkrieges gehalten wurden, in diesem Band für Sie zusammenzustellen. Es sind Reden, die einen Überblick geben über deutsche Blicke auf den 8. Mai 1945 und die sich dabei – das wird deutlich – in einem europäischen Kontext verorten.

Ich habe den Eindruck, dass sich im Vergleich zu 2005, zum 60. Jahrestag, die Wahrnehmung dieses Datums noch einmal verändert hat. Es scheint mir, als ob wir in Europa insgesamt etwas offener geworden sind für die komplizierte und komplexe Gemengelage der Geschichte, für das Gedenken an die verschiedenen Opfergruppen.

2005 hatte die zentrale Gedenkfeier an das Kriegsende noch unter der Ägide des russischen Präsidenten Putin stattgefunden. Der Jahrestag der Befreiung wurde in Moskau gefeiert. Die Länder Osteuropas, vor allem der Protest Litauens und Estlands, deren Präsidenten nicht an der Gedenkfeier teilnahmen, weil sie darauf verwiesen, dass mit der Befreiung 1945 nicht die Freiheit gekommen war, wurden kaum gehört.

In diesem Jahr, 2015, war das anders. Das ist wohl hauptsächlich der aktuellen politischen Lage in Europa geschuldet, vielleicht aber auch das Ergebnis einer längeren europäischen Diskussion.

Schon 2014 hatte uns die Krimkrise und dann die Annexion der Krim durch Russland in geradezu unheimlicher Art erinnert an die Zeit vor dem Ersten Weltkrieg, dessen Beginn sich zum 100. Mal jährte. Die politische Stabilität, an die wir uns in Europa seit Ende der Balkankriege gewöhnt hatten, löste sich auf. Auch in diesem Jahr war und ist die Erinnerung an das Kriegsende des Zweiten Weltkriegs geprägt von der Tatsache, dass in Europa, in der Ukraine und in unserer Nachbarschaft Krieg geführt wird. Unzählige Menschen flüchten vor Krieg und Gewalt. Der Zweite Weltkrieg, den die meisten Deutschen nicht mehr selbst erlebt haben, rückt dadurch in der Wahrnehmung wieder näher. Er wird wieder stärker als etwas wahrgenommen, was uns direkt betrifft.

Die aktuelle unübersichtliche politische Lage scheint auch das Gedenken an das Kriegsende verändert zu haben. Stärker als vor zehn Jahren wird wahrgenommen, dass nach der Befreiung 1945 vom Nationalsozialismus im östlichen Europa neue Unfreiheit die Völker fesselte. Wichtig waren in den vergangenen Jahren auch verschiedene Debatten und Initiativen im Europäischen Parlament. 2009 hat es zum Beispiel auf Initiative der baltischen und ostmitteleuropäischen Länder beschlossen, den 23. August, den Tag des Hitler-Stalin-Pakts, als Gedenktag für die Opfer des Stalinismus und Nationalsozialismus einzuführen. Stärker als früher wurde in diesem Jahr der Blick auf verschiedene Opfergruppen gelenkt, ohne sie gegeneinander auszuspielen.

Anlässlich der Gedenkfeiern zum Kriegsende 1945 haben wir in diesem Jahr wie immer der Millionen Toten gedacht, die durch den von Deutschland begonnen und in verbrecherischer Weise und mit menschenverachtenden Zielen geführten Krieg getötet oder gezielt ermordet wurden.

Deutschland hat im Zweiten Weltkrieg unermessliches Leid über Europa gebracht. Die Deutschen allein waren nicht in der Lage, das Morden zu beenden. Zu wenige waren zum Widerstand bereit. Der Krieg war erst zu Ende, als die Alliierten aus Ost und West gemeinsam Deutschland besiegt hatten. Oder, um es mit den Worten des Bundespräsidenten Joachim Gauck zu sagen: „Wir Nachgeborenen in Deutschland haben allen Grund, für diesen aufopferungsvollen Kampf unserer ehemaligen Gegner in Ost und West dankbar zu sein. Er hat es möglich gemacht, dass wir in Deutschland heute in Freiheit und Würde leben können. Wer wäre nicht dankbar dafür?“

An diesem Sieg über den Nationalsozialismus hatte die Sowjetunion einen ganz wesentlichen Anteil und einen besonders hohen Blutzoll gezahlt. Die Leistungen der Westalliierten, hauptsächlich Frankreichs, Großbritanniens und der USA, werden durch diese Feststellung nicht geschmälert. Uns ist in Deutschland kaum bewusst, dass auch Polen viel für die Befreiung vom Nationalsozialismus geleistet haben. Ihre Soldaten kämpften nicht nur im Westen, sondern auch im Osten und in der größten Untergrundarmee, der polnischen Heimatarmee, gegen die NS-Herrschaft.

Am 7. Mai konnte ich Bundesaußenminister Steinmeier nach Wolgograd begleiten, wo er, zusammen mit dem russischen Außenminister, auf dem sowjetischen und dem deutschen Friedhof Kränze niedergelegt hat. Stalingrad war 1943 der Wendepunkt des Krieges, das hob auch Steinmeier in seiner Ansprache noch einmal hervor. So wie Steinmeier sich vor den Opfern und Leistungen der Russen, Ukrainer, Weißrussen und der anderen Völkern der Sowjetunion verneigte, besuchte der russische Außenminister Lawrow mit ihm auch den deutschen Soldatenfriedhof und legte Blumen nieder. So wurde noch einmal das Motto des Volksbundes – Versöhnung über den Gräbern, Arbeit für den Frieden – in einer wichtigen Geste betont.

In diesem Jahr hat Bundespräsident Gauck mit seinem Besuch am 6. Mai in Stukenbrock, auf dem Friedhof eines ehemaligen Kriegsgefangenenlagers für sowjetische Kriegsgefangene, deutlich auf dieses deutsche Verbrechen hingewiesen. Er erinnerte an das Leid der sowjetischen Kriegsgefangenen: Von den fast sechs Millionen Männern, die in den Gewahrsam der Wehrmacht gerieten, starb die Hälfte an Unterernährung, Vernachlässigung, Zwangsarbeit und durch schlechte Behandlung. Dieses millionenfache planmäßige Sterben gehört zu den größten Kriegsverbrechen Deutschlands. Lange Zeit haben wir uns nicht an diese Menschen erinnert. Auch in der Sowjetunion selbst gerieten sie in der Zeit des Stalinismus in den Generalverdacht, mit den Deutschen kollaboriert zu haben. Viele der Überlebenden landeten nach der Befreiung aus den deutschen Kriegsgefangenenlagern wieder im Lager, im GULAG, andere wurden hingerichtet.

Noch einmal möchte ich dazu aus der Rede des Bundespräsidenten zitieren: „Wir sind an einer Stätte versammelt, an der auf den ersten Blick kaum etwas das Ausmaß dessen erkennen lässt, weswegen wir hier sind. Gedenksteine markieren Gräberreihen, die längst von Gras bewachsen sind. Es scheint so, als habe die vergangene Zeit fast jede sichtbare und fühlbare Erinnerung an das ausgelöscht, was hier einst Menschen Menschen angetan haben."

Heute sind die Nachfolgestaaten der Sowjetunion und Deutschland vereint in dem Bemühen, das Gedenken an diese Männer nicht untergehen zu lassen. Gerade der Volksbund hat mit vielfältigen Projekten dafür gearbeitet, auch diesen Opfern der NS-Diktatur ihre Namen und damit ihre Individualität wiederzugeben.

Im Auftrag der Bundesregierung ist der Volksbund gemeinsam mit der Deutschen Dienststelle in Berlin, dem Deutschen Historischen Institut in Moskau und dem Suchdienst des Roten Kreuzes dabei, ein Projekt zu entwickeln, um die Namen der umgekommenen sowjetischen Kriegsgefangenen in Deutschland sowie der deutschen Kriegsgefangenen in den Ländern der ehemaligen Sowjetunion weiter zu erforschen und den Gesellschaften in den Ländern zugänglich zu machen.

Doch auch was das Gedenken an die sowjetischen Soldaten angeht, bemerken wir eine große Veränderung. Während in den vergangenen Jahren ein gemeinsames Gedenken von Weißrussland, Ukraine und Russland möglich war, so ist das in diesem Jahr durch den Krieg in der Ostukraine völlig anders. So veranstaltete in diesem Jahr die ukrainische Botschaft zum ersten Mal in Berlin am 8. Mai eine Gedenkveranstaltung, während die russische Botschaft am 9. Mai zur Kranzniederlegung einlud. Der Volksbund bemüht sich, in seiner Arbeit mit allen Nachfolgestaaten der Sowjetunion zusammenzuarbeiten. So waren wir auf beiden Veranstaltungen vertreten. Aber wichtiger noch ist es, auch in der Pflege- und Bildungsarbeit auf den Kriegsgräberstätten mit beiden Ländern weiter zusammenzuarbeiten. In diesem Sommer haben wir zum Beispiel sowohl einen Arbeitseinsatz von Bundeswehrsoldaten mit ukrainischen Soldaten in der Ukraine, dann eine gemeinsame Suche von russischen Soldaten mit Bundeswehrsoldaten nach toten Soldaten in der Nähe von St. Petersburg (im umkämpften Gebiet zur Zeit der Blockade Leningrads) organisiert. Wir wollen nicht zulassen, dass die Erinnerung an den Krieg zu stark durch Tagespolitik belastet wird.

Wichtig war bei diesem Jahrestag auch, dass ebenfalls an das Leid erinnert wurde, das zum Kriegsende und durch die Niederlage millionenfach auch über Deutsche hereinbrach. Das NS-System ließ sich nicht so einfach besiegen, gerade in den letzten Kriegstagen mobilisierten die Nazis in der deutschen Gesellschaft noch einmal alle Kräfte. Das Ergebnis war unendliches Leid. Daran etwa haben wir am 29. April erinnert, als wir auf dem Waldfriedhof Halbe 120 Menschen eingebettet haben, die in Brandenburg in den letzten Kriegstagen umkamen. Rund um Halbe hatte die sogenannte Kesselschlacht ca. 60 000 Menschen das Leben gekostet, Soldaten, aber auch viele Flüchtlinge aus Brandenburg und den östlichen Gebieten des Deutschen Reiches sowie Zwangsarbeiter.

Vielleicht ist dieses Jahr ein Hinweis darauf, dass es mit größerem zeitlichen Abstand gelingen kann, an all dies verschiedene Leid zu erinnern, ohne es gegeneinander auszuspielen oder aufwiegen zu wollen. Die Bombenopfer in Dresden oder Köln stehen nicht gegen die in Rotterdam oder Coventry. Sich an die Verbrechen der Besatzungsmacht zu erinnern, heißt nicht, die Leistungen der Soldaten zu schmälern, die NS-Deutschland besiegten. Die vergewaltigten Frauen in Deutschland zu nennen, heißt nicht, die Übergriffe deutscher Soldaten auf Frauen in Osteuropa zu vergessen.

Mehr und mehr lernen wir: Erinnerung an eigenes Leid sollte Empathie ermöglichen mit denen, die ihrerseits Leid erfahren haben.

Im Zweiten Weltkrieg verloren Millionen deutscher Soldaten ihr Leben. In ganz Europa liegen sie auf unseren Kriegsgräberstätten, oder noch ungeborgen in fremder Erde. Ihr Kampf und ihr Sterben ist oft tragisch zu nennen. Es waren Männer, die ihr Leben verloren für falsche Ideale, missbraucht, verführt und verheizt. Gleichzeitig aber dürfen wir die Augen nicht davor verschließen, dass sie vielfach auch individuell schuldig geworden sind.

Noch immer trauern Angehörige, in Deutschland wie in anderen Ländern. Es bewegt auch nach Jahrzehnten noch tief, wenn Familien erfahren, wo ihr Angehöriger nun durch die Arbeit des Volksbundes endlich ein würdevolles Grab erhalten hat. Die nach 1945 allein zurückgebliebenen Frauen und Kinder standen damals allein da in einem zerstörten Land und vor einer ungewissen Zukunft und haben oft lange und schwer daran getragen. Die Kriegskinder von damals sind oft erst heute dabei, sich ihrer Traumata bewusst zu werden und sie zu verarbeiten.

Am 8. Mai 1945 war der Zweite Weltkrieg in Europa endlich beendet. Auch die Mehrheit der Deutschen atmete auf – endlich keine unmittelbare Lebensgefahr mehr. Doch zunächst bestimmten auch danach noch für die Überlebenden Angst und Ungewissheit, die Sorge um etwas Essbares, um ein Dach über dem Kopf und um den Verbleib der Angehörigen das tägliche Leben. Dies sollten wir uns bewusst machen. Viele Familien, die im Sommer 1945 noch hofften auf die Heimkehr des geliebten Mannes, Vaters oder Bruders, mussten rund zehn Jahre später, nachdem auch die letzten Kriegsgefangenen aus Russland heimgekehrt waren, realisieren, dass es kein Wiedersehen geben würde.

Angesichts dessen mag man verstehen, dass die meisten Überlebenden nicht sofort ermessen konnten, was für eine historische Zäsur dieser 8. Mai wirklich bedeutete, für Deutschland und ganz Europa.

Wir als Volksbund Deutsche Kriegsgräberfürsorge wollen dafür einstehen, dass der millionenfache Tod und das unendliche menschliche Leid im Zweiten Weltkrieg als Vermächtnis verstanden wird, alles dafür zu tun, dass künftig Konflikte friedlich ausgetragen werden und Frieden als gemeinsame internationale Aufgabe wahrgenommen wird. Das wiederum ist nicht nur eine Aufgabe der Politik, sondern der Gesellschaft und der Bürger. Dieser Verantwortung wollen wir uns auch in Zukunft stellen.

I. Gedenkstunde im Deutschen Bundestag am 8. Mai 2015 zum 70. Jahrestag des Endes des Zweiten Weltkrieges in Europa

Die zerstörte Kathedrale von Coventry in Mittelengland nach dem deutschen Luftangriff am 14. November 1940.

Foto: dpa

Dr. Norbert Lammert
Präsident des Deutschen Bundestages

[Anrede]

„Der 8. Mai 1945 war ein Tag der Befreiung." Als Richard von Weizsäcker diesen Satz heute vor 30 Jahren im Deutschen Bundestag vortrug, durchaus nicht als erster, aber mit der Autorität des Staatsoberhauptes, hat er keineswegs eine allgemein vorhandene Einsicht formuliert, aber eine veränderte Wahrnehmung zum Ausdruck gebracht, die inzwischen von einer breiten Mehrheit der Deutschen geteilt wird.

Am 8. Mai war ein Weltkrieg zu Ende, der von Deutschland, einer deutschen Regierung mit krimineller Energie begonnen und betrieben wurde, und bis dahin mehr als 50 Millionen Menschenleben gekostet hat, darunter auch etwa acht Millionen Deutsche.

Heute vor 70 Jahren schwiegen in Europa endlich die Waffen, nach fast sechs Jahren Krieg, nach fürchterlichen 2 077 Tagen. Die bedingungslose deutsche Kapitulation folgte der totalen Niederlage in einem Krieg, dessen verbrecherischen Charakter die meisten Deutschen zu spät erkannten und viele sich auch lange danach nicht eingestehen wollten. In London notierte zur gleichen Zeit Elias Canetti, der aus Wien emigrierte spätere Literaturnobelpreisträger: „Es ist das Maß der Täuschung, in der (die Deutschen) gelebt haben, das Riesenhafte ihrer Illusion, das Blindmächtige ihres hoffnungslosen Glaubens, was einem keine Ruhe gibt." Und er fragte: „Was bleibt von ihnen übrig? ... Was sonst sind sie ohne ihren furchtbaren militärischen Glauben? ... Wohin können sie noch fallen? Was fängt sie auf?"

Der Fall, den die Deutschen erlebten, konnte tatsächlich nicht tiefer sein, politisch, ökonomisch und moralisch. Umso erstaunlicher, dass unser Land trotz seiner Schuld aufgefangen wurde, von den Europäern, von Nachbarn, über die es so unvorstellbar großes Leid gebracht hatte, von einer Völkerfamilie, die nach diesem Krieg nicht mehr dieselbe war wie zuvor. Diese Bereitschaft unserer Nachbarn zur Versöhnung ist historisch ebenso beispiellos wie die Katastrophe, die ihr vorausgegangen war.

Wir gedenken heute der Millionen Opfer eines beispiellosen Vernichtungsfeldzugs gegen andere Nationen und Völker, gegen Slawen, gegen die europäischen Juden. Der 8. Mai ist deshalb für den ganzen Kontinent ein Tag der Befreiung gewesen – er war aber kein Tag der deutschen Selbstbefreiung. Auch wenn wir die gescheiterten Versuche mutiger Deutscher im Widerstand nicht vergessen wollen, gelten unsere Gedanken und unser Respekt heute vor allem denen, die unter unvorstellbaren Verlusten die nationalsozialistische Terrorherrschaft beendet haben, sowohl in den Reihen der westlichen Alliierten als auch auf Seiten der Roten Armee.

In den letzten Kriegstagen hatten sich die sowjetischen Truppen in Berlin auf die Eroberung des Reichstagsgebäudes konzentriert, das nach dem Reichstagsbrand im Februar 1933 allerdings in den Jahren der nationalsozialistischen Herrschaft länger nicht mehr Sitz eines Parlamentes war und dies auch erst fünf Jahrzehnte nach Kriegsende wieder werden konnte. Als das nach der Wiedervereinigung möglich war, haben wir viele der Graffiti, die sowjetische Soldaten im Mai 1945 im Reichstagsgebäude angebracht hatten, ganz bewusst restauriert und konserviert – als authentische Symbole für das Ende des Krieges und die Chance des Neuanfangs, die damit verbunden war.

Der 8. Mai ist Ende und Anfang zugleich gewesen. Befreiend wirkte der 8. Mai eben auch, weil erst das Kriegsende einen Neubeginn ermöglichte, neue Handlungsfreiheiten, um die Zukunft anders und besser zu gestalten. Auch dieser Neuanfang war von den Folgen des Weltkrieges belastet: Der Charta der Vereinten Nationen und dem ehrgeizigen Projekt, den gescheiterten europäischen Nationalismus in einer Union der Staaten zu überwinden, standen die atomare Konfrontation in einer bipolaren Welt, die jahrzehntelange Teilung des Kontinents, auch unseres Landes, gegenüber.

In den westlichen Besatzungszonen zogen die Deutschen antitotalitäre Lehren aus der Vergangenheit und haben damit zunächst getrennt und schließlich gemeinsam den langen Weg nach Westen beschritten. So haben Sie, verehrter Herr Winkler, die Konsequenzen des

Kriegsendes in der Bundesrepublik auf den Punkt gebracht. Gerade weil der 8. Mai kein Tag der deutschen Selbstbefreiung war, wurde die Auseinandersetzung mit der eigenen Vergangenheit zum schmerzhaften Prozess der inneren Befreiung – nicht etwa um sich frei zu machen von der Geschichte, im Gegenteil: um sich dieser Geschichte zu stellen, selbst da, wo das nur schwer auszuhalten ist. Nur im Bewusstsein unserer bitteren Erfahrungen, davon sind wir überzeugt, können wir Gegenwart und Zukunft politisch verantwortungsvoll gestalten, der Freiheit und dem Frieden in der Welt dienen.

Im vergangenen Jahr haben Sie, Herr Winkler, deutlicher als andere darauf hingewiesen, dass wir in Zeiten weltpolitischer Zäsuren leben, dass aus der Geschichte gewonnene, als unumstößlich geltende Überzeugungen erneut ins Wanken geraten seien. Ich danke Ihnen für Ihre Bereitschaft, aus der Perspektive eines Historikers wie eines engagierten Staatsbürgers zu erläutern, was angesichts der aktuellen Herausforderungen der 8. Mai für uns bedeutet.

Zuvor hören wir den zweiten Satz von Joseph Haydns C-Dur-Streichquartett, op. 76 Nr. 3 – eine eher melancholische Folge von Variationen über ein Thema, das nicht nur Musikfreunden in der ganzen Welt längst vertraut ist. Haydn hatte die getragene Melodie während der Revolutionskriege gegen Frankreich 1797 als Huldigung des österreichischen Kaisers und im Kontrast zur kämpferischen Marseillaise komponiert. Später, im sogenannten Deutschen „Vormärz“ zwischen Hambacher Fest und Frankfurter Nationalversammlung, unterlegte sie Hoffmann von Fallersleben mit Versen, die den leidenschaftlichen Aufbruch zu nationaler Einheit und demokratischer Verfassung zum Ausdruck brachten.

In der wechselvollen Geschichte, die dieses „Lied der Deutschen“ nahm, spiegelt sich, was Heinrich August Winkler in seinem längst zum geflügelten Wort avancierten Standardwerk nachgezeichnet hat: der lange Weg nach Westen, das heißt: die Umwege und Irrwege der Deutschen, von der Hybris des nationalistisch missverstandenen „Deutschland, Deutschland über alles“ über die nationalsozialistische Perversion bis hin zum republikanischen „Einigkeit und Recht und Freiheit“ – und damit zu den Leitprinzipien des demokratischen Deutschlands, das seit sieben Jahrzehnten in Frieden und Freiheit mit seinen Nachbarn lebt.

***

Russische Flüchtlinge vor einem im Zuge der „Partisanenbekämpfung“ in Brand gesteckten Dorf.

Foto: Volksbund-Archiv

Prof. Dr. Heinrich August Winkler
Historiker

[Anrede]

In der deutschen Geschichte gibt es keine tiefere Zäsur als den Tag, dessen 70. Wiederkehr wir heute gedenken: den 8. Mai 1945. Er markiert das Ende des Zweiten Weltkriegs in Europa, den Zusammenbruch des nationalsozialistischen Regimes, das diesen Krieg entfesselt hatte, und das Ende des ein Dreivierteljahrhundert zuvor von Bismarck gegründeten Deutschen Reiches. Zwölf Jahre lang hatten die Nationalsozialisten frenetisch die nationale Einheit der Deutschen beschworen. Als ihre Herrschaft in einem Inferno ohnegleichen unterging, war ungewiss, ob die Deutschen jemals wieder in einem einheitlichen Staat zusammenleben würden.

In seiner historischen Rede zum 40. Jahrestag der bedingungslosen Kapitulation des Deutschen Reiches hat der damalige Bundespräsident Richard von Weizsäcker die Deutschen gemahnt, den 8. Mai 1945 nicht vom 30. Januar 1933 zu trennen – dem Tag, an dem Reichspräsident von Hindenburg Hitler zum Reichskanzler ernannte. Den 8. Mai 1945 aber gelte es, „als das Ende eines Irrwegs der deutschen Geschichte zu erkennen, das den Keim der Hoffnung auf eine bessere Zukunft barg".

Der Irrweg, von dem Weizsäcker sprach, hatte nicht erst 1933 begonnen. Großen Teilen der deutschen Eliten, ja der Gesellschaft insgesamt galt die erste deutsche Demokratie, die Republik von Weimar, als ein Produkt der deutschen Niederlage im Ersten Weltkrieg, als die Staatsform der westlichen Siegermächte, als ein undeutsches System. Im Ersten Weltkrieg hatten bekannte Professoren und Publizisten den Ideen der Französischen Revolution von 1789, also Freiheit, Gleichheit, Brüderlichkeit, die deutschen „Ideen von 1914“ gegenübergestellt: die Verherrlichung eines starken, auf das Militär gestützten Staates, der „Volksgemeinschaft“ und eines angeblich „deutschen Sozialismus“.

Als die parlamentarische Demokratie von Weimar im Frühjahr 1930 gescheitert war und Deutschland wenig später zu einem halbautoritären Präsidialregime überging, konnte Hitler einerseits erfolgreich an die verbreiteten Ressentiments gegenüber der westlichen Demokratie appellieren und andererseits eine demokratische Errungenschaft des Bismarckreiches nutzen, die jetzt weithin ihrer politischen Wirkung beraubt war: das allgemeine gleiche Reichstagswahlrecht, das seit der Revolution von 1918/19 nicht mehr nur den Männern, sondern auch den Frauen zustand.

Die Wahlerfolge der Nationalsozialisten in der Endphase der Weimarer Republik sind ohne die lange Vorgeschichte der deutschen Vorbehalte gegenüber der westlichen Demokratie nicht zu erklären. Dasselbe gilt für die rasch wachsende Popularität, derer Hitler sich nach seiner sogenannten „Machtergreifung“ erfreute. Diese Popularität ging so weit, dass Hitler nach den

Worten des britischen Historikers Ian Kershaw spätestens 1936 selbst zum „Gläubigen seines Mythos“ wurde. Im Zweiten Weltkrieg wurde der „Führermythos“ zwar durch die Rückschläge im Krieg gegen die Sowjetunion seit dem Winter 1941/42 und dann vor allem infolge der Niederlage von Stalingrad Ende Januar 1943 nachhaltig erschüttert, aber er erlosch nicht. Nach dem gescheiterten Attentat vom 20. Juli 1944 erlebte dieser Mythos sogar vorübergehend eine gewisse Renaissance. Vielleicht, so glaubten nun viele, war Hitler wirklich mit der „Vorsehung“ im Bunde und Deutschland nur durch ihn zu retten.

Der deutsche Philosoph Ernst Cassirer, der im April 1945, wenige Wochen vor Kriegsende, im amerikanischen Exil starb, deutete in seiner letzten Schrift „Der Mythus des Staates“ Hitlers politische Karriere als Triumph des Mythos über die Vernunft und diesen Triumph als Folge einer tiefen Krise. „In der Politik leben wir immer auf vulkanischem Boden. Wir müssen auf abrupte Konvulsionen und Ausbrüche vorbereitet sein. In allen kritischen Augenblicken des sozialen Lebens sind die rationalen Kräfte, die dem Wiedererwachen der alten mythischen Vorstellungen Widerstand leisten, ihrer selbst nicht mehr sicher. In diesen Momenten ist die Zeit für den Mythus wieder gekommen. Denn der Mythus ist nicht wirklich besiegt und unterdrückt worden. Er ist immer da, versteckt im Dunkel auf seine Stunde und Gelegenheit wartend. Diese Stunde kommt, sobald die bindenden Kräfte im sozialen Leben der Menschen aus dem einen oder anderen Grunde ihre Kraft verlieren und nicht länger imstande sind, die dämonischen Kräfte zu bekämpfen."

Angesichts von Ausbrüchen der Fremdenfeindschaft, wie wir sie in Deutschland in den letzten Monaten erlebt haben, und von antisemitischer Hetze und Gewalt hier und in anderen europäischen Ländern sind die Worte Cassirers von geradezu beklemmender Aktualität. Sie mahnen uns, zu jeder Zeit die eigentliche Lehre der deutschen Geschichte der Jahre 1933 bis 1945 zu beherzigen: die Verpflichtung, unter allen Umständen die Unantastbarkeit der Würde jedes einzelnen Menschen zu achten.

Die zweite, diesmal totale Niederlage Deutschlands im 20. Jahrhundert erschütterte das Selbstbewusstsein der Deutschen ungleich stärker als die Niederlage von 1918. Es war nicht so, dass die überwältigende Mehrheit der Deutschen den Sieg der Alliierten im Mai 1945 als Befreiung erlebt hätte. Anders als die Völker, denen dieser Sieg die Befreiung von deutscher Fremd- und Gewaltherrschaft brachte, bedeutete der „Zusammenbruch" des nationalsozialistischen Regimes für viele Deutschen zugleich den Zusammenbruch ihres Glaubens an den „Führer" und ihrer Hoffnungen auf einen deutschen „Endsieg". Als Befreiung erlebten die bedingungslose Kapitulation zunächst nur die Deutschen, denen der verbrecherische Charakter von Hitlers Herrschaft schon vorher bewusst geworden oder von jeher bewusst gewesen war.

Als der Vorläufige Rat der evangelischen Kirche in Deutschland im Oktober 1945 im „Stuttgarter Schuldbekenntnis“ von einer „Solidarität der Schuld“ zwischen Kirche und Volk sprach, stieß das auch innerhalb der Kirche auf verbreiteten Widerspruch. Als unangebrachte Bestätigung der alliierten These von einer deutschen „Kollektivschuld“ galt vor allem der Satz: „Durch uns ist unendliches Leid über viele Völker und Länder gebracht worden.“

Vom schrecklichsten aller Menschheitsverbrechen des Nationalsozialismus, der Ermordung von etwa sechs Millionen europäischen Juden, war im „Stuttgarter Schuldbekenntnis“ nicht ausdrücklich die Rede. Es sollten Jahrzehnte vergehen, bis sich in Deutschland, nicht zuletzt dank der bahnbrechenden Forschungen von jüdischen Gelehrten wie Joseph Wulf, Gerald Reitlinger, Raul Hilberg und Saul Friedländer, die Einsicht durchsetzte, dass der Holocaust die Zentraltatsache der deutschen Geschichte des 20. Jahrhunderts ist. Gleichzeitig wuchs eine andere Erkenntnis: Der von den alliierten Soldaten, und nicht zuletzt denen der Roten Armee, unter schwersten Opfern erkämpfte Sieg über Deutschland hatte die Deutschen in gewisser Weise von sich selbst befreit – befreit im Sinne der Chance, sich von politischen Verblendungen und von Traditionen zu lösen, die Deutschland von den westlichen Demokratien trennten.

Kulturell war Deutschland immer ein Land des alten Okzidents, des lateinischen oder westkirchlichen Europa, gewesen. Deutschland hatte an den mittelalterlichen Gewaltenteilungen, der ansatzweisen Trennung erst von geistlicher und weltlicher Gewalt, dann von fürstlicher und ständischer Gewalt, sowie an den Emanzipationsprozessen der frühen Neuzeit vom Humanismus über die Reformation bis zur Aufklärung teilgenommen und sie entscheidend mitgeprägt. Einigen wesentlichen politischen Konsequenzen der Aufklärung aber, den Ideen der Amerikanischen Revolution von 1776 und der Französischen Revolution von 1789, den Ideen der unveräußerlichen Menschenrechte, der Volkssouveränität und der repräsentativen Demokratie, hatten sich maßgebliche deutsche Eliten bis weit ins 20. Jahrhundert hinein verweigert. Erst die Erfahrung der deutschen Katastrophe der Jahre 1933 bis 1945, des Höhepunkts der deutschen Auflehnung gegen die politischen Ideen des Westens, entzog diesem Ressentiment allmählich den Boden. Die Chance, eine zweite, diesmal funktionstüchtige und zur Selbstverteidigung fähige parlamentarische Demokratie aufzubauen, erhielt nach 1945 freilich nur ein Teil Deutschlands: die drei westlichen Besatzungszonen, die spätere Bundesrepublik Deutschland, und der Westen des geteilten Berlin. Den Deutschen, die im anderen Teil des Landes lebten, blieb die politische Freiheit viereinhalb Jahrzehnte lang vorenthalten.

Die fortschreitende Öffnung der Bundesrepublik gegenüber der politischen Kultur des Westens und die Herausbildung einer selbstkritischen Geschichtskultur gehörten unauflöslich zusammen. Es bedurfte teilweise heftiger wissenschaftlicher, publizistischer und politischer Kontroversen, um diese Prozesse voranzutreiben. Von großer Bedeutung war in diesem Zusammenhang die Debatte über den maßgeblichen Anteil des deutschen Kaiserreiches an der Entstehung des Ersten Weltkriegs. Erst allmählich gelang es, die immer noch einflussreichen nationalapologetischen Deutungen der deutschen Geschichte zu überwinden und der verbreiteten Neigung entgegenzuwirken, im deutschen Volk das erste Opfer Hitlers zu sehen und sich selbst von jeder Mitverantwortung für damals geschehenes Unrecht freizusprechen. Inzwischen erinnern „Stolpersteine", Gedenktafeln und Gedenkstätten in vielen deutschen Städten an jüdische und andere Opfer des Nationalsozialismus – und das nicht auf Grund irgendwelcher staatlicher Erlasse, sondern von bürgerschaftlichen Initiativen. Und oft sind es Schulklassen, die sich der Erforschung der Geschichte ihres Ortes in der Zeit des sogenannten „Dritten Reiches" widmen.

Sehr zögernd nur kam die strafrechtliche Aufarbeitung nationalsozialistischer Kriegsverbrechen und namentlich der Schoah durch deutsche Gerichte, beginnend mit dem Ulmer Einsatzgruppen-Prozess von 1958, in Gang. Und noch 1986 musste jene öffentliche Auseinandersetzung geführt werden, die als „Historikerstreit" in die Annalen der bundesrepublikanischen Geschichte eingegangen ist: eine Debatte über den historischen Ort des nationalsozialistischen Judenmordes – eines Genozids, der den britischen Kriegspremier Winston Churchill in einem Brief an seinen Außenminister Anthony

Eden vom 11. Juni 1944 zu der Feststellung veranlasste: „Es besteht kein Zweifel, dass es sich hier um das wahrscheinlich größte und schrecklichste Verbrechen der ganzen Weltgeschichte handelt, das von angeblich zivilisierten Menschen im Namen eines großen Staates und eines führenden Volkes Europas mit wissenschaftlichsten Mitteln verübt wird."

Viele Deutsche hatten einen langen und schmerzhaften Weg zurücklegen müssen, bevor sie diesem Urteil eines ehemaligen Kriegsgegners rückblickend zustimmen konnten. Aber wären sie nicht bereit gewesen, sich der einzigartigen Monstrosität des Holocaust, der Ermordung der Sinti und Roma, von Zehntausenden geistig behinderter Menschen sowie zahllosen Homosexuellen und der Verantwortung für schrecklichste Kriegsverbrechen in den von Deutschland besetzten und ausgebeuteten Ländern Europas zu stellen, wie hätte die Bundesrepublik Deutschland je wieder zu einem geachteten Mitglied der Völkergemeinschaft werden können?

Besonders schwer war es für die Millionen von Flüchtlingen und Heimatvertriebenen, das ihnen widerfahrene Leid als Folge der deutschen Gewaltpolitik zu begreifen und sich mit dem Verlust ihrer Heimat abzufinden. Aber als nach dem Fall der Berliner Mauer am 9. November 1989, dem Symbolereignis der friedlichen Revolutionen in Ostmitteleuropa, deren Vorgeschichte bis zur Gründung der unabhängigen Gewerkschaft „Solidarność" im August 1980 in Polen zurückreicht, die deutsche Frage unverhofft wieder auf die Tagesordnung der internationalen Politik zurückkehrte, da war der überwältigenden Mehrheit der Deutschen, auch der Heimatvertriebenen, klar, dass es ein wiedervereinigtes Deutschland nur in den Grenzen von 1945 geben konnte. Mit anderen Worten: Die deutsche Frage ließ sich nur lösen, wenn zugleich ein anderes Jahrhundertproblem, die polnische Frage, gelöst wurde. Das eben geschah durch den Zwei-plus-Vier-Vertrag und den deutsch-polnischen Grenzvertrag vom 14. November 1990: zwei Verträge, durch die die bestehende deutsch-polnische Grenze an Oder und Görlitzer Neiße für alle Zukunft in völkerrechtlich verbindlicher Form anerkannt wurde.

Die historische Bedeutung des 3. Oktober 1990, des Tages, an dem die Deutsche Demokratische Republik gemäß Artikel 23 des Grundgesetzes der Bundesrepublik Deutschland beitrat, hat Richard von Weizsäcker beim Festakt in der Berliner Philharmonie in dem Satz zusammengefasst: „Der Tag ist gekommen, an dem zum ersten Mal in der Geschichte das ganze Deutschland seinen dauerhaften Platz im Kreis der westlichen Demokratien findet."

Anders als das am 8. Mai 1945 untergegangene Deutsche Reich war das wiedervereinigte Deutschland von Anfang an in übernationale Zusammenschlüsse wie die Europäische Union und das Atlantische Bündnis eingebunden. Es ist ein postklassischer Nationalstaat, der einige seiner Hoheitsrechte im Staatenverbund der Europäischen Union gemeinsam mit anderen Mitgliedstaaten ausübt oder auf supranationale Einrichtungen übertragen hat. Seine Einheit erlangte Deutschland 1990 nur wieder, weil es glaubwürdig mit jenen Teilen seiner politischen Tradition gebrochen hatte, die der Entwicklung einer freiheitlichen Demokratie westlicher Prägung entgegenstanden. Eben darauf beruhte Deutschlands „zweite Chance", von der der aus Breslau stammende, von Hitler zur Emigration gezwungene deutsch-amerikanische Historiker Fritz Stern im Juli 1990 gesprochen hat.

Abgeschlossen ist die deutsche Auseinandersetzung mit der eigenen Vergangenheit nicht, und sie wird es auch niemals sein. Jede Generation wird ihren eigenen Zugang zum Verständnis einer so widerspruchsvollen Geschichte wie der deutschen suchen. Es gibt vieles Gelungene in dieser Geschichte, nicht zuletzt in der Zeit nach 1945, über das sich die Bürgerinnen und Bürger der Bundesrepublik Deutschland freuen und worauf sie stolz sein können. Aber die Aneignung dieser Geschichte muss auch die Bereitschaft einschließen, sich den dunklen Seiten der Vergangenheit zu stellen. Niemand erwartet von den Nachgeborenen, dass sie sich schuldig fühlen angesichts von Taten, die lange vor ihrer Geburt von Deutschen im Namen Deutschlands begangen wurden. Zur Verantwortung für das eigene Land gehört aber immer auch der Wille, sich der Geschichte dieses Landes im Ganzen bewusst zu werden. Das gilt für alle Deutschen, ob ihre Vorfahren vor 1945 in Deutschland lebten oder erst später hier eingewandert sind. Und es gilt für die, die sich entschlossen haben oder noch entschließen werden, Deutsche zu werden.

Würden die Deutschen der bequemen Versuchung nachgeben, sich nicht mehr an das erinnern zu wollen, was Deutsche nach 1933 und vor allem im Zweiten Weltkrieg an Schuld auf sich geladen haben, sie würden doch immer wieder damit konfrontiert werden, dass die Nachfahren der Opfer diese Geschichte so leicht nicht vergessen können. SS und Wehrmacht haben vielerorts Verbrechen begangen, die aus der kollektiven Erinnerung der betroffenen Völker nicht zu löschen sind. Dazu gehören die fast 900 Tage währende Belagerung und Aushungerung von Leningrad, die zwischen 600 000 und 800 000 Menschen das Leben kostete, der billigend in Kauf genommene Tod von 2,7 (von insgesamt 5,7) Millionen sowjetischen Kriegsgefangenen, die Vernichtung des jüdischen Ghettos in Warschau nach dem Aufstand vom Frühjahr 1943 und die systematische Zerstörung der polnischen Hauptstadt nach dem zweiten Warschauer Aufstand im Oktober 1944.

Ortsnamen wie Oradour und Lidice sind in Deutschland bekannter als Kragujevac in Serbien, Distomo in Griechenland und Marzabotto in Italien. Aber auch diese Namen, und es sind nur einige von vielen, stehen für Massaker, die bis heute nachwirken. Es gibt keine moralische Rechtfertigung dafür, die Erinnerung an solche Untaten in Deutschland nicht wachzuhalten und die moralischen Verpflichtungen zu vergessen, die sich daraus ergeben. Dasselbe gilt für die unmenschliche Behandlung von Millionen von Zwangsarbeitern, vor allem der sogenannten „Ostarbeiter“ und besonders wiederum der Juden, für die Zwangsarbeit fast immer die Vorstufe der Vernichtung war. Unter eine solche Geschichte lässt sich kein Schlussstrich ziehen.

Neben dem Vergessen gibt es freilich auch noch eine andere Gefahr im Umgang mit dem dunkelsten Kapitel der deutschen Geschichte: eine forcierte Aktualisierung zu politischen Zwecken. Wenn Deutschland sich an Versuchen der Völkergemeinschaft beteiligt, einen drohenden Völkermord oder andere Verbrechen gegen die Menschlichkeit zu verhindern, bedarf es nicht der Berufung auf Auschwitz. Auf der anderen Seite lässt sich weder aus dem Holocaust noch aus anderen nationalsozialistischen Verbrechen noch aus dem Zweiten Weltkrieg insgesamt ein deutsches Recht auf Wegsehen ableiten. Die Menschheitsverbrechen der Nationalsozialisten sind kein Argument, um ein Beiseitestehen Deutschlands in Fällen zu begründen, wo es zwingende Gründe gibt, zusammen mit anderen Staaten im Sinne der „responsibility to protect“, einer Schutzverantwortung der Völkergemeinschaft, tätig zu werden.

Jede tagespolitisch motivierte Instrumentalisierung der Ermordung der europäischen Juden läuft auf die Banalisierung dieses Verbrechens hinaus. Ein verantwortlicher Umgang mit der Geschichte zielt darauf ab, verantwortliches Handeln in der Gegenwart möglich zu machen. Daraus folgt zum einen, dass sich die Deutschen durch die Betrachtung ihrer Geschichte nicht lähmen lassen dürfen. Zum anderen gilt es, politische Entscheidungen nicht dadurch zu überhöhen, dass man sie als die jeweils einzig richtige Lehre aus der deutschen Vergangenheit ausgibt. Jeder Versuch, mit dem Hinweis auf den Nationalsozialismus eine deutsche Sondermoral zu begründen, führt in die Irre.

Gleichwohl gibt es nach wie vor deutsche Verpflichtungen, die unmittelbar oder mittelbar aus der deutschen Politik der Jahre 1933 bis 1945 erwachsen. Mit an erster Stelle zu nennen sind in diesem Zusammenhang die besonderen Beziehungen zu Israel, wie sie sich in den letzten fünf Jahrzehnten entwickelt haben. Doch auch innerhalb Europas wirkt die Zeit des Nationalsozialismus nach als Vergangenheit, die nicht vergehen will. Das Deutsche Reich hat unter Führung Hitlers nicht nur die nationale Souveränität und territoriale Integrität vieler europäischer Staaten mit Füßen getreten. Es hat durch den Hitler-Stalin-Pakt, den Angriff auf Polen und den Überfall auf die Sowjetunion auch die Voraussetzungen für die viereinhalb Jahrzehnte währende Spaltung Europas in einen freien und einen unfreien Teil geschaffen. Daraus ergibt sich eine besondere Pflicht zur Solidarität mit Ländern, die erst im Zuge der friedlichen Revolutionen von 1989/90 ihr Recht auf innere und äußere Selbstbestimmung wiedergewonnen haben.

Am 21. November 1990, knapp sieben Wochen nach der Wiedervereinigung Deutschlands, wurde in der französischen Hauptstadt die Charta von Paris unterzeichnet. Darin verpflichteten sich alle 34 Mitgliedstaaten der Konferenz über Sicherheit und Zusammenarbeit in Europa, „die Demokratie als einzige Regierungsform unserer Nationen aufzubauen, zu festigen und zu stärken“. In einem Augenblick, da Europa am Beginn eines neuen Zeitalters stehe, bekannten sich die Unterzeichnerstaaten, unter ihnen die Sowjetunion, zur friedlichen Beilegung von Streitfällen. Sie bekräftigten die Prinzipien der 15 Jahre zuvor unterzeichneten Schlussakte von Helsinki, darunter die Achtung der territorialen Integrität und der politischen Unabhängigkeit sowie den Verzicht auf die Androhung und Anwendung von Gewalt. Wenn es irgendein Datum gibt, das für das definitive Ende der zweiten Nachweltkriegszeit des 20. Jahrhunderts steht, dann ist es der Tag der Unterzeichnung der Charta von Paris, der 21. November 1990.

Von den Hoffnungen der Epochenwende der Jahre 1989 bis 1991 sind einige in Erfüllung gegangen, andere nicht. Der durch die Vereinbarungen der „Großen Drei“ von Jalta, der USA, Großbritanniens und der Sowjetunion, im Februar 1945 geteilte alte europäische Okzident ist wieder zusammengewachsen. In Ostmittel- und Südosteuropa entstand, anders als nach 1918, kein neues „Zwischeneuropa“, keine Zone der wirtschaftlichen, politischen und militärischen Instabilität. Vielmehr gehören die meisten Demokratien dieser Region inzwischen der Europäischen Union und dem Atlantischen Bündnis an. Die Vision vom trikontinentalen Friedensraum von Vancouver bis Wladiwostok, einem großen Bund freiheitlicher Demokratien, aber wurde nicht verwirklicht. Das Jahr 2014 markiert eine tiefe Zäsur: Durch die völkerrechtswidrige Annexion der Krim ist die Gültigkeit der Prinzipien der Charta von Paris radikal in Frage gestellt – und mit ihr die europäische Friedensordnung, auf die sich die einstigen Kontrahenten des Kalten Krieges damals verständigt hatten.

Deutschland hat während des immer noch andauernden Konflikts um die Ukraine alles getan, was in seinen Kräften steht, um den Zusammenhalt der Europäischen Union und des Atlantischen Bündnisses zu sichern. Es hat sich zugleich in enger Abstimmung mit seinen Verbündeten darum bemüht, im Dialog mit Russland so viel wie möglich von jener Politik der konstruktiven Zusammenarbeit zu retten oder wiederherzustellen, auf die sich Ost und West nach dem Ende des Kalten Krieges verständigt hatten. Eines galt und gilt es dabei immer zu beachten, und auch das ist eine Lehre aus der deutschen Geschichte: Nie wieder dürfen unsere ostmitteleuropäischen Nachbarn, die 1939/40 Opfer der deutsch-sowjetischen Doppelaggression im Zuge des Hitler-Stalin-Paktes wurden und die heute unsere Partner in der Europäischen Union im Atlantischen Bündnis sind – nie wieder dürfen Polen und die baltischen Republiken den Eindruck gewinnen, als werde zwischen Berlin und Moskau irgendetwas über ihre Köpfe hinweg und auf ihre Kosten entschieden.

Ende Mai 1945, wenige Wochen nach dem Ende des Zweiten Weltkrieges in Europa, trug Thomas Mann, im Ersten Weltkrieg noch ein beredter Fürsprecher der deutschen „Ideen von 1914“, in der Library of Congress in Washington auf englisch Gedanken über „Deutschland und die Deutschen“ vor. In dieser Rede, die nach seinem eigenem Zeugnis ein „Stück deutscher Selbstkritik“ sein sollte, steht ein Satz, der das Ergebnis seines Nachdenkens prägnant bündelt: „Die Deutschen ließen sich verführen, auf ihren eingeborenen Kosmopolitismus den Anspruch auf europäische Hegemonie, ja auf Weltherrschaft zu gründen, wodurch er zu seinem strikten Gegenteil, zum anmaßlichsten und bedrohlichsten Nationalismus und Imperialismus wurde.“

Mit dem Selbstverständnis eines Staatenverbundes wie der Europäischen Union ist die Hegemonie eines Landes unvereinbar. Dem wiedervereinigten Deutschland fällt innerhalb der EU schon auf Grund seiner Bevölkerungszahl und seiner Wirtschaftskraft eine besondere Verantwortung für den Zusammenhalt und die Weiterentwicklung dieser supranationalen Gemeinschaft zu. Dazu kommt die Verantwortung, die sich aus der deutschen Geschichte ergibt.

Es ist eine an Höhen und Tiefen reiche Geschichte, die nicht aufgeht in den Jahren 1933 bis 1945 und die auch nicht zwangsläufig auf die Machtübertragung an Hitler hingeführt, wohl aber dieses Ereignis und seine Folgen ermöglicht hat. Sich dieser Geschichte zu stellen, ist beides: ein europäischer Imperativ und das Gebot eines aufgeklärten Patriotismus. Um es in den Worten des dritten Bundespräsidenten Gustav Heinemann aus seiner Rede zum Amtsantritt am 1. Juli 1969 zu sagen: „Es gibt schwierige Vaterländer. Eines davon ist Deutschland. Aber es ist unser Vaterland."

***

Deutsche Soldatengräber im Raum Nowgorod, Dezember 1942.

Foto: Hugo Schulz, Volksbund-Archiv

Volker Bouffier
Präsident des Bundesrates

[Anrede]

Sehr geehrter Herr Professor Dr. Winkler, der Beifall des Hauses – und ich bin sicher: vieler Menschen in unserem Land und weit darüber hinaus – hat deutlich gemacht, in welch herausragend beeindruckender Weise Sie den langen Weg unseres Landes nach Westen beschrieben haben. Sie haben deutlich gemacht, was es auch nach 70 Jahren bedeutet, diesen 8. Mai angemessen zu würdigen. Ich danke Ihnen von Herzen für diese außergewöhnlich großartige Rede.

Der deutsche Literaturnobelpreisträger Heinrich Böll hat zur Bedeutung des Endes des Zweiten Weltkrieges wie folgt bemerkt: Der Krieg wird niemals zu Ende sein, solange noch eine Wunde blutet, die er geschlagen hat. Dieser Krieg hat unendlich viele Wunden geschlagen, Wunden, die uns mahnen, und Wunden, die uns verpflichten: Wunden, die uns verpflichten, der Opfer der nationalsozialistischen Gewaltherrschaft zu gedenken, und Wunden, die uns mahnen, aktiv für Frieden, Völkerverständigung, für Weltoffenheit und Toleranz einzutreten.

Sie haben es erwähnt: Der 30. Januar 1933 war der Anfang und der 8. Mai 1945 der Endpunkt einer menschenverachtenden Diktatur, der Millionen Menschen zum Opfer fielen und die mit systematischem Völkermord einen Tiefpunkt in der Geschichte unseres Landes erreichte. Ich will ausdrücklich festhalten: Ja, Herr Professor Dr. Winkler, Sie haben recht: Die Einzigartigkeit dieses Geschehens erlaubt es auch 70 Jahre nach Ende des Krieges nicht, einen Schlussstrich zu ziehen oder gar zu relativieren.

Sich der eigenen Geschichte zu stellen, sich mit ihr auseinanderzusetzen, ist die Grundvoraussetzung für gelingende Zukunft. Der 8. Mai verpflichtet uns aber nicht nur, der Opfer der Nazidiktatur im In- und Ausland zu gedenken. Er verpflichtet uns auch, entschieden für Frieden, für Freiheit und Demokratie einzutreten. Er verpflichtet uns, den Anfängen zu wehren und immer wieder deutlich zu machen, dass in Deutschland kein Platz ist für diejenigen, die die Demokratie bekämpfen oder die Menschenrechte missachten.

Das gilt für Extremisten aller Art, und es gilt besonders für diejenigen, die als ewig Gestrige oder als neue Anhänger des nationalsozialistischen Ungeistes ihr Unwesen treiben. Meine Damen und Herren, diesem Treiben muss mit allen Mitteln des Rechtsstaats und einer gesamtgesellschaftlichen Ächtung entschieden entgegengetreten werden.

Mit dem größeren Abstand zum Kriegsende, Sie haben es beschrieben, ist das Diktum des verstorbenen Bundespräsidenten Richard von Weizsäcker vom 8. Mai 1945 als Tag der Befreiung immer deutlicher hervorgetreten. In dieser historischen Rede hat Richard von

Weizsäcker aber auch die Empfindungen der Erlebnisgeneration beschrieben.

Wenn diejenigen, für die auf den Tag der Befreiung keine Befreiung folgte, weil sie als Kriegsgefangene unendlich litten, als Vertriebene ihre Heimat verloren oder als spätere Bürger der DDR und in den anderen Ländern im ehemaligen Einflussbereich der Sowjetunion von einer Diktatur in die andere gerieten, das Diktum von dem „Tag der Befreiung" zuweilen als zu einseitig empfunden haben mögen und vielleicht noch empfinden, ist dies erklärbar. Entscheidend ist aber etwas anderes. Entscheidend ist: Die Befreiung von der Nazidiktatur war die Grundlage für ein neues und demokratisches Deutschland und die Rückkehr unseres Landes in den Kreis der zivilisierten Welt.

Sie haben es beschrieben: Das ist uns nicht selbst gelungen. Der von Ihnen bereits zitierte Thomas Mann hat in einem seiner Briefe 1945 geschrieben: Sie mussten „durch äußere Mächte zur Menschheit zurückgeführt werden". Es ist mir ein Bedürfnis, diesen äußeren Mächten nicht nur Respekt zu erweisen, sondern sehr deutlich zu sagen, dass sie uns von diesem furchtbaren Inferno und dieser Diktatur befreit haben. Ich will denjenigen, die diese Diktatur unter unvorstellbaren Opfern beendet und unserem Land einen neuen, demokratischen Aufbruch ermöglicht haben, ausdrücklich unseren Dank dafür bekunden.

Den Alliierten ging es zunächst natürlich darum, zu verhindern, dass von deutschem Boden jemals wieder ein Krieg ausgehen könnte. Sie haben aber auch das Fundament, den Grundstein für eine erfolgreiche und funktionierende Demokratie gelegt. Das föderale Prinzip, das eine jahrhundertealte Tradition in Deutschland aufgriff, hat sich ebenso als Glücksfall erwiesen wie die marktwirtschaftliche und sozialstaatliche Ordnung.

Der 8. Mai 1945 war aber nicht nur ein Epochenwechsel für Deutschland, sondern für ganz Europa. Über Jahrhunderte hinweg standen sich die europäischen Großmächte in unterschiedlicher Konstellation rivalisierend gegenüber. Die Durchsetzung von Machtinteressen mit militärischen Mitteln, das territoriale Expansionsstreben und die nationalstaatliche Überheblichkeit waren alltägliche Mittel der Politikgestaltung. Dies alles hatte sich am 8. Mai 1945 erschöpft. Die Zukunft Europas musste auf der Grundlage der für Demokratie und Menschenrechte prägenden Werte errichtet werden, wenn dieses Europa nicht erneut scheitern sollte.

Es ist deshalb meine tiefe Überzeugung: Das vereinte Europa und die Europäische Union waren und sind die richtige Antwort auf das Inferno zweier Weltkriege. Grenzen zu überwinden, ohne Kriege gegensätzliche Interessen auszugleichen und gemeinsame Interessen wahrzunehmen, darin liegt die fundamentale Bedeutung des vereinten Europas.

Daran zu erinnern, ist angesichts der vielfältigen Herausforderungen, die dieses vereinte Europa in einer globalisierten Welt bewältigen muss, notwendig. Sie,

Herr Professor Winkler, haben es angesprochen. Der Konflikt zwischen Russland und der Ukraine, das Ringen um eine bessere und nicht nur ökonomisch bessere Zukunft in allen Ländern dieser europäischen Gemeinschaft oder die Bekämpfung der Fluchtursachen und nicht der Flüchtlinge, die zu uns nach Europa kommen, mögen als Beispiele für diese Herausforderungen genügen.

Dieses vereinte Europa ist nicht das Paradies. Aber ich kenne keine andere Staatengemeinschaft, in der die Menschenrechte, der Frieden, die Freiheit und das Recht besser gewahrt würden.

Das Gedenken an die Ereignisse von 1945 und davor ist und bleibt eine Kernaufgabe deutscher Politik. Die Bedeutung des 8. Mai hat dabei viele Facetten. Nach meinem Verständnis gibt er eine Grundbotschaft, die für uns alle gelten kann heute und in Zukunft, in unserem eigenen Land und überall auf der Welt. Der 8. Mai verlangt eine Haltung, die unser Tun bestimmen sollte. Es geht um gegenseitigen Respekt, es geht um Toleranz, und es geht um Zivilcourage nicht nur am 8. Mai, sondern jeden Tag und immer wieder aufs Neue.

Ich danke Ihnen und bitte Sie, sich für die europäische Hymne zu erheben.

Vielen Dank.

***

II. Weitere Gedenkreden zum 70. Jahrestag des Endes des Zweiten Weltkrieges in Europa

Sowjetische Kriegsgefangene bei Witebsk, 1941 oder 1942.

Foto: Voß, Volksbund-Archiv

Joachim Gauck
Bundespräsident

Rede bei der Gedenkveranstaltung zum 70. Jahrestag des Endes des Zweiten Weltkrieges am 6. Mai 2015 in Schloß Holte-Stukenbrock

[Anrede]

Übermorgen ist es siebzig Jahre her, dass der Zweite Weltkrieg in Europa zu Ende ging – jener mörderische Schrecken, der von Deutschland ausgegangen war.

Der Krieg ging endlich zu Ende,
der unseren Kontinent verwüstete,
in dem die Juden Europas ermordet wurden,
in dessen Verlauf Millionen von Soldaten und Zivilisten starben,
in dessen Folge in vielen Ländern Millionen aus ihrer Heimat vertrieben wurden,
als dessen Ergebnis Europa, mitten darin Deutschland, ein halbes Jahrhundert geteilt war.

Dieser Krieg endete erst, als die westlichen Alliierten und die Sowjetunion gemeinsam Deutschland zur Kapitulation gezwungen hatten und uns Deutsche damit auch von der Nazi-Diktatur befreiten. Wir Nachgeborenen in Deutschland haben allen Grund, für diesen aufopferungsvollen Kampf unserer ehemaligen Gegner in Ost und West dankbar zu sein. Er hat es möglich gemacht, dass wir in Deutschland heute in Freiheit und Würde leben können. Wer wäre nicht dankbar dafür?

Hier in Schloss Holte–Stukenbrock erinnern wir in dieser Stunde an eines der größten Verbrechen in diesem Krieg: Millionen von Soldaten der Roten Armee sind in deutscher Kriegsgefangenschaft ums Leben gebracht worden – sie gingen an Krankheiten elendig zugrunde, sie verhungerten, sie wurden ermordet. Millionen von Kriegsgefangenen, die doch nach Kriegsvölkerrecht und internationalen Verabredungen in der Obhut der Deutschen Wehrmacht standen. Sie wurden auf lange Fußmärsche gezwungen, in offenen Güterwagen verschickt, sie kamen in sogenannte Auffang- oder Sammellager, in denen es anfangs so gut wie nichts gab – keine Unterkunft, keine ausreichende Verpflegung, keine sanitären Anlagen, keine medizinische Betreuung –, nichts. Sie mussten sich Erdlöcher graben, sich notdürftig Baracken bauen – sie versuchten verzweifelt, irgendwie zu überleben. Dann wurden sie in großer Zahl zum Arbeitseinsatz gezwungen, den sie, geschwächt und ausgehungert, wie sie waren, oft nicht zu überleben vermochten.

Wenige hundert Meter von hier war das Kriegsgefangenenlager „Stalag 326 Senne“. Mehr als 310 000 Kriegsgefangene waren hier. Sehr viele von ihnen sind umgekommen, zehntausende sind hier begraben. Was sagen Zahlen? Wenig – und doch, sie geben Auskunft, sie geben uns zumindest eine Vorstellung von dem Schrecken und von der unbarmherzigen Behandlung, die die Sowjetsoldaten in deutscher Gefangenschaft erlitten haben. Wir müssen heute davon ausgehen, dass von über 5,3 Millionen sowjetischen Kriegsgefangenen deutlich mehr als die Hälfte umkam. Millionen Schicksale, Millionen Namen, Millionen Lebensgeschichten. Es waren Russen, Ukrainer, Weißrussen, Kirgisen, Georgier, Usbeken, Kasachen, Turkmenen – Soldaten aus allen Völkern, die damals zur Sowjetunion gehörten.

Wenn wir betrachten, was mit den westalliierten Kriegsgefangenen geschah, von denen etwa drei Prozent in der Gefangenschaft umkamen, dann sehen wir den gewaltigen Unterschied: Anders als im Westen war der Krieg im Osten vom nationalsozialistischen Regime von Anfang an als ein Weltanschauungs- und Vernichtungs- und Ausrottungskrieg geplant – und in der Regel auch geführt, denken wir zum Beispiel an diese schreckliche jahrelange Belagerung Leningrads mit dem Ziel des Aushungerns einer Millionenstadt. Denken wir an die Brutalität gegenüber der Zivilbevölkerung in allen besetzten Ländern, ganz besonders aber in der Sowjetunion. Das geschah bewusst und vorsätzlich und auf ausdrücklichen Befehl Adolf Hitlers.

Die Wehrmacht setzte diese Befehle bereitwillig um. Es war der Generalstabschef Halder, der im Mai 1941 formulierte: „Wir müssen von dem Standpunkt des soldatischen Kameradentums abrücken. Der Kommunist ist vorher kein Kamerad und nachher kein Kamerad". Dementsprechend sollten die Gefangenen behandelt werden, und das ist bei den Völkern der ehemaligen Sowjetunion bis heute in unauslöschlicher Erinnerung.

Als die Sowjetunion sich ganz zu Beginn des Krieges bereit erklärt hatte, über das Rote Kreuz mit dem Deutschen Reich eine Vereinbarung über die Behandlung der Kriegsgefangenen zu schließen, da lehnte Hitler das brüsk ab – und er sorgte dafür, dass seine Ablehnung in Millionen von Flugblättern auch seinen Soldaten bekannt wurde. Denn er hatte ein Ziel, und es war eindeutig: Kein deutscher Soldat sollte glauben, dass er in sowjetischer Kriegsgefangenschaft überhaupt überleben könnte. Alle sollten bis zum letzten Atemzug kämpfen und sich auf keinen Fall ergeben. Das Schicksal derjenigen seiner Soldaten, die dann doch gefangen wurden, war dem Obersten Befehlshaber vollkommen gleichgültig.

Nun schauen wir auf die andere Seite. Auf der anderen Seite dekretierte Stalin: Wenn ein sowjetischer Soldat gefangen werde, habe er nicht bis zuletzt gekämpft, konnte gleichsam also nur desertiert sein, also irgendwie ein Verräter sein. Deswegen erwartete bei Kriegsende sehr viele in die Heimat entlassene sowjetische Kriegsgefangene erneute Lagerhaft, oft sogar der Tod. Wir können nur ahnen, wie viele Mütter, wie viele Ehefrauen, wie viele Bräute, wie viele Kinder noch nach Kriegsende vergeblich gewartet haben; und auch wie schwer es für sie war, damals dieser ihrer Toten zu gedenken.

Als Deutsche fragen wir uns aber zuerst nach deutscher Schuld und Verantwortung. Und für uns bleibt festzuhalten, dass der millionenfache Tod derer, die unter der Verantwortung der Deutschen Wehrmacht starben, „eines der größten deutschen Verbrechen des Zweiten Weltkriegs" gewesen ist. Viele wollten das nach dem Krieg noch sehr lange Zeit nicht wahrhaben. Aber spätestens heute wissen wir: Auch die Wehrmacht hat sich schwerer und schwerster Verbrechen schuldig gemacht.

Aus mancherlei Gründen ist dieses grauenhafte Schicksal der sowjetischen Kriegsgefangenen in Deutschland nie angemessen ins Bewusstsein gekommen – es liegt bis heute in einem Erinnerungsschatten. Das mag damit zu tun haben, dass die Deutschen in den ersten Jahren nach dem Krieg vor allem an ihre eigenen Gefallenen und Vermissten gedacht haben, auch an die Kriegsgefangenen, die zum Teil noch bis 1955 in der Sowjetunion festgehalten wurden.

Das mag sicher auch daran liegen, dass die Schreckensbilder von der Eroberung des deutschen Ostens durch die Rote Armee vielen Deutschen den Blick auf die eigene Schuld verstellten. Diejenigen, die wegschauen und sich nicht erinnern wollten, sahen sich dann zudem später durch die Besatzungs- und Expansionspolitik der Sowjetunion und durch die Errichtung einer kommunistischen Diktatur mit Rechtsferne, Unfreiheit und Unterdrückung in der sowjetisch besetzten Zone Deutschlands bestätigt. In der DDR wurde zwar die Erinnerung an das heldenhafte sowjetische Brudervolk groß geschrieben, aber der amtlich verordnete Heldenmythos ließ auf der anderen Seite wenig Raum für die Empathie mit denjenigen, die als Kriegsgefangene in Deutschland keine strahlenden Sieger waren, sondern Opfer, Entrechtete, Geschlagene.

In späteren Jahren haben in Westdeutschland und auch im wiedervereinigten Deutschland die Erinnerung an den Völkermord an den Juden und die beginnende Scham darüber die Auseinandersetzung mit anderen Verbrechen einfach überlagert.

Dabei sind doch die Verbrechen des Nationalsozialismus zutiefst miteinander verbunden. Sie haben alle dieselbe Wurzel: Sie stammen aus der Vorstellung, dass auch unter Menschen nur das Recht des Stärkeren gelte, und dass der Stärkere das Recht habe, über das Lebensrecht der Anderen zu entscheiden, über Wert, über Unwert ihres Lebens. So wurden die Juden, wie die Sinti und Roma, ausgesondert, gedemütigt, ermordet, dann die Behinderten oder Homosexuellen. So wurden dann auch die Völker im Osten als „minderwertig" diffamiert, weswegen man mit ihnen ohne Rücksicht auf Humanität und Menschenrechte, auch ohne Rücksicht auf die Regeln des Völker- und Kriegsrechts verfahren dürfe.

Im Protokoll der Besichtigung eines Kriegsgefangenenlagers durch Propagandaminister Goebbels hält ein Regierungsbeamter fest:
„Der Zweck der Fahrt sollte sein, [...] einmal die in den Wochenschauen gezeigten Untermenschen in Natur vorzuführen. [...]"

„Die Fahrt brachte insofern nicht das gewünschte Ergebnis, als die Gefangenen fast durchweg Weißrussen waren und daher durchschnittlich ein durchaus menschliches Aussehen hatten. [...]"
„Sie bekommen außerordentlich wenig Beköstigung und haben Tag und Nacht keinerlei Schutz vor dem Wetter. Meines Erachtens werden diese Gefangenen sowieso hinter ihrem Drahtzaun verrecken. [...]"

Hybris, Allmachtswahn, Herrenmenschentum, Zynismus: das sind die Kennzeichen nationalsozialistischer Ideologie und eben auch nationalsozialistischer verbrecherischer Praxis. Erschütternd ist immer noch, wenn wir sehen, in wie kurzer Zeit ganz normale Männer und Frauen, einmal mit dieser Ideologie vergiftet, zu Komplizen der Unterdrückungspraxis gemacht werden und manche sogar zu unbarmherzigen Menschenschindern und Mördern werden konnten.

Wir stehen hier und erinnern an dieses barbarische Unrecht und an die Verletzung aller zivilisatorischer Regeln. Wir erinnern daran im Namen der Humanität, im Namen der Gleichheit und der Würde, die unterschiedslos allem zukommt, was Menschenantlitz trägt. Im Namen der Menschenrechte, die uns verpflichten, die uns binden und leiten und für deren Geltung wir eintreten, stehen wir hier.

Wir sind an einer Stätte versammelt, an der auf den ersten Blick kaum etwas das Ausmaß dessen erkennen lässt, weswegen wir hier sind. Gedenksteine markieren

Gräberreihen, die längst von Gras bewachsen sind. Es scheint so, als habe die vergangene Zeit fast jede sichtbare und fühlbare Erinnerung an das ausgelöscht, was hier einst Menschen Menschen angetan haben.

So wie wir hier in Schloss Holte-Stukenbrock unsere Erinnerung und unser historisches Gedächtnis anstrengen müssen, damit wir auf dieser Grasfläche einen Schreckensort für hunderttausende Menschen erkennen können, so geht es uns wohl überhaupt mit dem Eingedenken vergangenen Leids: Was spurlos verwehen sollte, das rufen wir in unser Gedächtnis. Wenigstens vor unserem inneren Auge soll in Umrissen noch einmal aufscheinen, was hier furchtbare Wirklichkeit war, was uns durch Fotos, Statistiken, Karteikarten, Erzählungen, Augenzeugenberichte unabweisbar und unwiderlegbar sagt: Das ist hier geschehen, mitten in Deutschland. Und es ist ja nicht irgendwie „geschehen". Es wurde „gemacht", es wurde „verübt", planmäßig und mit bösem Kalkül und ewig unfassbar. Von Menschen, mit denen wir Sprache, Herkunft und Nationalität teilen, von Menschen, deren Verbrechen heute Teil unserer Geschichte sind.

Wir müssen unseren Willen anstrengen, um die Wahrheit auszuhalten, um nicht immer unwillkürlich zu denken: Das kann doch unmöglich wahr sein – das, was hier im „Stalag 326" und an hunderten von anderen, über ganz Deutschland verteilten Orten menschenmöglich war – und was hier aber doch tatsächlich stattgefunden hat.

Wir müssen aber nicht nur unseren Verstand anstrengen, nicht nur unser Vorstellungsvermögen aktivieren und unsere historischen Kenntnisse erweitern. Wir müssen – zuerst und zuletzt – auch unser Herz und unsere Seele öffnen für das, was wir kaum glauben wollen. Es geht um eine wirkliche Empathie, ein wirklich bewegendes, unser Inneres, unser Herz, unsere Seele bewegendes Gedenken.

Ich danke heute ganz ausdrücklich allen dafür, die sich in den vergangenen Jahren und Jahrzehnten für ein solches immer neues Bewusstmachen und Einfühlen eingesetzt haben. Es waren ehrenamtlich Engagierte, die Spuren ausfindig gemacht und Erinnerung wachgehalten haben.

Damit diese Erinnerung nicht verwelkt, darum gab und gibt es die Initiative „Blumen für Stukenbrock“, darum gibt es jetzt, dank unermüdlicher, überwiegend ehrenamtlicher Initiative die Dokumentationsstätte. Es gibt einen vorbildlich engagierten Förderverein, kundige Führungen und Ausstellungen. Angehörige von Opfern, die von weit her kommen und nach Spuren der Erinnerung an ihre Väter oder Großväter suchen, sie werden liebevoll betreut und begleitet.

Einer, der selber als Gefangener hier war, Leo Frankfurt, ist heute hier und wird gleich noch zu uns sprechen. Es bewegt mich sehr, dass Sie hier sind, Herr Frankfurt. Es ist so etwas wie ein gnädiges Geschenk an uns, es beschämt uns und es beglückt uns gleichzeitig. Danke!

Und es sind unter uns Mitglieder der Familie Basanov, deren Vater, Schwiegervater und Großonkel Basan Erdniev hier Lagerhäftling war und hier begraben ist. Wir haben eben kurz inne gehalten an der Stelle, an der Sie sich erinnern an Ihren Vater. Auch für Ihr Kommen, liebe Familie Basanov, bedanke ich mich und freue mich sehr, dass Sie mich an diesem Tag begleiten und unter uns sind.

Zu den Initiativen, die hier wertvolles Engagement beweisen, gehört auch die Geschichts-AG des Gymnasiums Schloß Holte–Stukenbrock. Es gibt das Anne-Frank-Projekt und das schulübergreifende Theaterprojekt. Alle diese jungen Menschen haben die Aufgabe übernommen, die Erinnerung weiterzutragen. Das gilt auch für die Polizeischüler, die hier ausgebildet werden, und die sich sehr genau bewusst sind, was die Geschichte dieses Ortes bedeutet. Und gekommen sind heute auch junge Soldaten der Bundeswehr, für die historisches Bewusstsein selbstverständlich ist.

Es gab und gibt, dank der freiwilligen Initiativen hier und an anderen, ähnlichen Orten in unserem ganzen Land, diesen hartnäckigen, alltäglichen Widerstand gegen das Vergessen. Das ist gut so, das gehört zu unserer Kultur. So sind heute auch Vertreter der Aktion Sühnezeichen/Friedensdienste hier, auch Vertreter von Gegen Vergessen/Für Demokratie und vom Deutsch-Russischen Museum Karlshorst. Ihnen und den Vielen, die in unserem Land selbstlose Erinnerungs- und Gedenkarbeit leisten, danke ich heute und hier ganz ausdrücklich.

Sie helfen bei einer Aufgabe, die sich auch 70 Jahre nach Kriegsende noch stellt: auch das Schicksal der sowjetischen Kriegsgefangenen aus dem Erinnerungsschatten heraus zu holen.

Nicht weit von hier stehen wir vor dem Gelände, das Tod und Verderben gebracht hat, auf dem die Schreie, das Seufzen und das Stöhnen der geschundenen Leiber und Seelen unsichtbar eingeschrieben bleiben.

Dies ist einer der Orte, an denen wir schmerzhaft und intensiv empfinden, dass die Toten für die Lebenden eine Verpflichtung sind. Sagen wir also heute, siebzig Jahre nach dem Ende des Krieges, „Ja" zu dieser Verpflichtung. Versprechen wir uns gegenseitig, dass wir, was an uns ist, tun, um ein menschenwürdiges und friedliches Leben für alle zu ermöglichen und zu beschützen.

***

Deutsche Soldaten bei Stalingrad auf dem Weg in die sowjetische Kriegsgefangenschaft, 1943.

Foto: Volksbund-Archiv

Frank-Walter Steinmeier
Bundesminister des Auswärtigen

Rede zum Gedenken an das Ende des Zweiten Weltkrieges vor 70 Jahren in Wolgograd

[Anrede]

Dieser Platz war ein Ort des Krieges!
Heute ist er ein Ort der Versöhnung!
Auf dieser Bühne treffen Russen und Deutsche zusammen und machen gemeinsam Musik. Russische Musik und deutsche Musik.
Ihre Musik ist ein klingendes Symbol der Versöhnung!

Wolgograd ist die Stadt der Helden!
Wer waren diese Helden?
Sie waren Menschen! Menschen, die unsägliches Leid erfahren haben.
Mütter und Väter.
Söhne und Töchter.
Zivilisten und Soldaten.
So stehen sie vor uns in der Erinnerung.

Diese Menschen haben hier in Stalingrad die erste entscheidende Wende des Krieges vollbracht.
Diese Menschen haben hier in Stalingrad die Befreiung Europas vom Nazi-Joch begonnen. Dafür haben sie unermessliche Opfer gebracht. Vor diesen Opfern verneige ich mich als Deutscher in Trauer.

Und ich bitte um Vergebung für das maßlose Leid, das Deutsche in deutschem Namen anderen zugefügt haben – hier in dieser Stadt und in ganz Russland, in den heute zur Ukraine und Weißrussland gehörenden Teilen der damaligen Sowjetunion. Und in ganz Europa.

Überall auf der Welt erinnern Menschen in diesen Tagen an das Kriegsende vor 70 Jahren. Jedes Volk gedenkt auf seine Weise – der eigenen Opfer, der eigenen Schmerzen, der eigenen Taten.

Und dennoch: Wir sind nicht allein in unserer Erinnerung! Deutsche und Russen können und sollen gemeinsam gedenken! Und für dieses gemeinsame Gedenken sind wir hier in Wolgograd genau am richtigen Ort!

Denn hier, auf den Schlachtfeldern von Stalingrad, wurde der Vormarsch der Truppen Nazi-Deutschlands zum Halten gebracht, hier war der Wendepunkt des Krieges und hier ist zugleich sein allergrößtes Grauen auf ewig in den Erdboden gebrannt!

Aus diesem Erdboden steigt die Mahnung, die alle verbindet, die des Krieges gedenken – die besonders uns Deutsche und Russen verbindet: Nie wieder! Nie wieder sollen Menschen anderen Menschen solch unmenschliches Leid zufügen!

Liebe Bürger von Wolgograd, ich danke Ihnen, dass Sie uns Deutsche heute hier empfangen. Denn Ihre Familien haben das unvorstellbare Leid des Krieges ertragen müssen.

Bis heute durchziehen schmerzvolle Erinnerungen unsere Familien; Ihre Familien, Millionen Familien in ganz Russland bis hinauf zu Ihrem Präsidenten, dessen Vater fünf seiner sechs Brüder verloren hat, wie wir heute in Deutschland lesen konnten. Und ähnlich schmerzvolle Erinnerungen durchziehen Millionen von Familien auch in Deutschland – auch meine eigene.

Und gerade deshalb weiß ich: Unser gemeinsames Erinnern ist eine Chance!

Eine Chance für uns alle: für Deutsche und Russen und alle Völker Europas, um gemeinsam zu sagen „Nie wieder"!

Eine Chance, damit Sie, die Bürger, zu ihren Regierungen sagen können: Ihr tragt jetzt die Verantwortung für die Menschen unserer Völker; tragt sie so, dass Friede herrscht in Europa!

Eine Chance, damit wir nicht alte Feindbilder unter den Völkern schüren, sondern Verständigung üben und unsere Gegensätze und Konflikte, wo sie bestehen, friedlich überwinden.

Wir Deutsche schulden den Opfern des Krieges nicht nur unser ehrendes Gedenken – sondern auch, dass wir Lehren ziehen aus ihrem Leid. Und deshalb sage ich als

Deutscher: Die Menschen von Stalingrad sind nicht nur Helden, weil sie vor siebzig Jahren mit ihrem Blut die Wende im Krieg erzwungen haben! Sie sind auch Helden, weil sie uns bis heute zum Frieden ermahnen!

Hören wir gemeinsam auf ihre Mahnung! Und: Hören wir jetzt gemeinsam auf die Musik des Friedens!

***

Deutsche Soldaten treiben jüdische Frauen, Männer und Kinder durch brennende Straßenzüge im Warschauer Ghetto, April 1943.

Foto: Volksbund-Archiv

Markus Meckel
Präsident des Volksbundes Deutsche Kriegsgräberfürsorge e. V.

Rede auf der Gedenkfeier der Stadt Neubrandenburg, auf dem Gelände des ehemaligen Stalag IIa und Speziallagers Fünfeichen

[Anrede]

Vor 70 Jahren endete mit der Kapitulation Deutschlands der Zweite Weltkrieg. Die Schreckensherrschaft des Nationalsozialismus war besiegt, der Mord an den europäischen Juden, der rassistische Vernichtungskrieg und das millionenfache Sterben von Soldaten und Zivilisten fanden ein Ende. Wir verneigen uns in Dankbarkeit vor den Männern und Frauen, die ihr Leben für diese Befreiung gelassen haben, vor allem vor den sowjetischen und britischen, den amerikanischen und französischen Soldaten – und auch den polnischen, die bei sowohl bei der Roten Armee wie den westlichen Alliierten gekämpft haben, was heute in Deutschland kaum bekannt ist. Ihren Anteil hatten aber auch die vielen europäischen Widerständler, die im Untergrund, in Resistance und Resistenza, im polnischen Untergrundstaat und der Heimatarmee gegen die deutsche Besatzung kämpften. Der Widerstand in Deutschland war zu schwach, als dass es ihm gelungen wäre, das Ruder herumzureißen. Zu wenige verweigerten sich oder leisteten Widerstand, zu viele folgten den nationalsozialistischen Ideen und beteiligten sich an den furchtbaren Untaten, die wir Deutschen zu verantworten haben.

Glücklicherweise sind wir uns in Deutschland heute einig, dass das Kriegsende vor 70 Jahren eine Befreiung war. Wir wissen, es hat lange gebraucht, bis sich diese Erkenntnis im gesellschaftlichen Bewusstsein durchgesetzt hat. Gleichzeitig ist es wichtig, sich deutlich zu machen, wie unterschiedlich die Menschen damals diese Tage und Wochen erlebt haben. Einerseits öffneten sich die Tore der KZs und der anderen Lager, wie hier in Fünfeichen. Das Kriegsende wurde zum Beginn der Freiheit, für alle Häftlinge und für alle, die zu Hitlers Gegnern geworden waren. Viele trugen jedoch schwer an der deutschen Niederlage und empfanden sie als einen Zusammenbruch. Die meisten waren schlicht froh, dass die Angst und unmittelbare Bedrohung ein Ende hatte. Gleichzeitig ereignete sich neue Gewalt. Die von uns Deutschen ausgelösten Schrecken kamen zu uns zurück. Hunderttausende Frauen wurden von den Befreiern vergewaltigt – nicht nur von Rotarmisten, sondern ebenso von Soldaten der westlichen Alliierten, Millionen Menschen waren von Flucht und Vertreibung betroffen und erlitten dabei oft Gewalt und Tod.

Während im Westen ein Neuanfang in Freiheit begann, folgte im Osten Europas der Befreiung vom Nationalsozialismus für mehr als vier Jahrzehnte eine neue Diktatur. Dies prägte auch diesen Ort. Aus dem Kriegsgefangenenlager wurde nach wenigen Wochen ein Speziallager, eines von zehn in der sowjetischen Besatzungszone. Und wieder wurde hier tausendfach gelitten und gestorben.

Obwohl das kommunistische DDR-Regime sich als antifaschistisch definierte, hat es weder an das Speziallager noch an das Kriegsgefangenenlager erinnert. Die Stadt Neubrandenburg errichtete zwar zwischen 1958 und 1960 eine Gedenkstätte für die verstorbenen Häftlinge auf dem Gelände des ehemaligen Gefangenenfriedhofs. Dann jedoch übernahm die Nationale Volksarmee das Gelände und eine öffentliche Erinnerung war nicht mehr angestrebt und möglich. Erst in den letzten 25 Jahren wurde Fünfeichen zu einem lebendigen Erinnerungsort, an dem unsere Geschichte differenziert aufgearbeitet wird. So sind wir dankbar dafür, dass wir heute nicht nur das Speziallager, das nach 1990 natürlich besondere Aufmerksamkeit erfuhr, als Ort des Gedenkens haben, sondern eben auch das Kriegsgefangenenlager.

Fünfeichen, wie überhaupt Deutschland und ganz Europa, braucht ein differenzierendes Gedenken, das nicht einer Ideologie folgt, sondern der komplizierten Geschichte Raum gibt. Es gilt, die verschiedenen Opfer nicht gegeneinander auszuspielen, sondern jedes Leid ernst zu nehmen und an seine konkreten Zusammenhänge zu erinnern.

Was geschah also in Fünfeichen? Zunächst kaufte die Wehrmacht von der jüdischen Besitzerin Olga von Maltzahn das Grundstück, um darauf im Rahmen der

Aufrüstung für den bevorstehenden Krieg einen Truppenübungsplatz, Garagen und Kasernen zu errichten. Dann, nach dem 1. September 1939 und dem deutschen Überfall auf die Republik Polen, entstand ein Kriegsgefangenenlager, ein sogenanntes Stalag, hier das Stalag II a.

Zahlen können die Dimensionen von Schmerz und Leid nicht ermessen, doch sie können helfen, eine vage Vorstellung davon zu schaffen, wie viele Menschen hier in Fünfeichen leiden und sterben mussten. Für 10 000 Gefangene war das Kriegsgefangenenlager gebaut, 48 586 waren es zu Höchstzeiten. Insgesamt durchliefen 55 000 bis 60 000 Kriegsgefangene das Lager. Von ihnen starben ca. 7 000 sowjetische Kriegsgefangene und 500 anderer Nationen. So ist Fünfeichen auch ein großer Friedhof. Im September 1939 kamen die ersten polnischen Kriegsgefangenen nach Fünfeichen. Sie mussten das Lager aufbauen – die Baracken, den Stacheldrahtzaun, die Arrestzellen. Von Beginn an war Hunger ihr ständiger Begleiter. Bereits im ersten Winter starben viele an den menschenunwürdigen Lebensbedingungen.

Diejenigen unter ihnen, die eine deutsche Verwandtschaft nachweisen konnten und bereit waren, sich in die Deutsche Volksliste einzutragen, wurden entlassen und mussten dafür dann in der Wehrmacht dienen. Die polnischen Juden wurden in Ghettos nahe ihrer Heimat deportiert, um entweder dort schon an Hunger und Krankheit zu sterben oder im Zuge der so genannten Endlösung der Judenfrage ermordet zu werden. Im Juni

1940 entließ die deutsche Führung alle polnischen Soldaten aus Fünfeichen, wodurch diese den Status eines Kriegsgefangenen verloren. Für sie bedeutet das nicht die Freiheit, sondern den Übergang in eine Rechtsform, die der Verfolgung und Drangsalierung noch mehr Raum bot. So hatten sie keinen Anspruch auf die Hilfe des Roten Kreuzes, mussten sie das „P"auf der Kleidung tragen und Zwangsarbeit leisten.

Im Sommer 1940 kamen dann auch Niederländer, Briten und Amerikaner hierher. Da ihre Haftbedingungen vom Internationalen Roten Kreuz kontrolliert wurden, behandelte die Wehrmacht diese Gefangenen deutlich besser.

Etwa 38 000 bis 39 000 Franzosen waren hier interniert, darunter französische Juden, die man zwar isolierte, jedoch nicht wie die polnischen Juden ermordete. Auch die französischen Gefangenen erlebten den Hunger als schwerste Strafe der Gefangenschaft. Wer kräftig genug war, wurde zur Arbeit gezwungen – die Polen zur Landarbeit, die Franzosen vor allem in den Rüstungsbetrieben. Die Kooperation zwischen dem Deutschen Reich und Vichy-Frankreich brachte für einige französische Gefangene die Entlassung nach Frankreich, andere mussten bis zum Kriegsende im Lager bleiben.

An dieser Stelle möchte ich an das Schicksal von Joseph Traba erinnern, ein Pole im Dienst der französischen Armee. Er überlebte die Zeit hier, anders als sein Bruder, der in einem anderen Lager starb. Sein Sohn Robert ist heute am Polnischen Historischen Institut Professor und ein wichtiger Akteur der deutsch-polnischen Verständigung. Er ist auch heute hier anwesend und sei herzlich gegrüßt.

Unter den jugoslawischen Gefangenen möchte ich den 38-jährigen Landwirt und Familienvater Milan Derocvić nennen, den ein deutsches Gericht 1942 wegen des Verdachts auf Sabotage verhaftete und nach mehreren Monaten in einer Arrestzelle hinrichten ließ. Ihm war vorgeworfen worden, ein Hufeisen in einer Garbe versteckt zu haben ...

Besonders grausam war die Behandlung der sowjetischen Kriegsgefangenen, auch hier in Fünfeichen. Vor wenigen Tagen hat der Bundespräsident auf diese in Deutschland bisher kaum beachtete Opfergruppe hingewiesen. 5,3 Millionen sowjetische Soldaten kamen in deutsche Kriegsgefangenschaft, mehr als die Hälfte kam hier um. Man beachte den Unterschied: Drei Prozent der Gefangenen der westlichen Alliierten fanden den Tod! Sowjetischen Soldaten wurde als „kommunistischen Untermenschen“der völkerrechtliche Status als Kriegsgefangener verweigert.

Mehr als 2,5 Millionen Tote, die wir bisher kaum im Blick haben! Wer überlebte und zurück in die Sowjetunion kam, geriet dort unter den Generalverdacht der Kollaboration mit Deutschland. Mit der Folge, dass sie sich zu Abertausenden im sibirischen Gulag Stalins wiederfanden. Sowjetbürger, die zwischen den beiden großen Diktaturen zerrieben wurden. Zu ihnen gehörte Viktor Dumnov, der nach seiner Befreiung hier in Fünfeichen wegen einer vorgeblichen antisowjetischen Äußerung zur Zwangsarbeit verurteilt wurde. Erst im Jahr 2000 konnte er seine vollständige Rehabilitation erreichen.

In Deutschland wurde der Tod der sowjetischen Kriegsgefangenen nicht nur in Kauf genommen, ihre Behandlung zielte regelrecht darauf ab. Gleich in den ersten Monaten starben hier etwa 5 000 von ihnen schon im Jahr 1941.

Die Zustände verbesserten sich ein klein wenig, als nach der Niederlage in Stalingrad und dem fortwährenden Rückzug im Osten die sowjetischen Gefangenen verstärkt Zwangsarbeit leisten mussten. Dann verbesserte sich die Verpflegung auch dieser Häftlingsgruppe ein wenig. Dennoch starben bis zum April 1945 über 2 000 weitere sowjetische Soldaten.

In der Nacht vom 28. auf 29. April befreite die Rote Armee das Lager. Es wurde kurze Zeit als Repatriierungslager genutzt, bis dann der sowjetische Geheimdienst ab Juni 1945 hier nur noch Deutsche in das dann sogenannte Speziallager Nr. 9 einlieferte.

Vordergründig sollten diese Speziallager – wie die Internierung von NS-Verdächtigen auch in den westlichen Besatzungsgebieten – der Entnazifizierung dienen. Faktisches Ziel war jedoch die „Säuberung des Hinterlandes der kämpfenden Truppen der Roten Armee von feindlichen Elementen“, wie es in einem NKWD-Befehl heißt. Wer unter den Verdacht der Gegnerschaft geriet oder denunziert wurde, fand sich schnell hier wieder. Dazu gehörten Kinder und Jugendliche ab zwölf Jahren, die unter dem Vorwurf der „Werwolf“-Mitgliedschaft” eingeliefert wurden, oft einfach von der Straße weg.

Heute sind unter uns viele, die einen Angehörigen in diesem Lager verloren haben oder selbst noch hier eingesperrt waren. Gerade sie, die heute noch lebenden Häftlinge dieses Lagers, waren die völlig unschuldigen Opfer der willkürlichen Internierung – wurden sie doch als Kinder beziehungsweise Jugendliche eingesperrt. Andere Gefangene waren kleine und mittlere Funktionsträger des NS-Systems, die das Unglück hatten, hierher zu geraten. Albert Lehrkamp, der Großvater meiner Frau, war für die Verteilung von Zwangsarbeitern in der Landwirtschaft zuständig gewesen und offensichtlich deshalb ins Speziallager eingeliefert worden. Als zwei Zwangsarbeiter aus Polen und der Ukraine davon erfuhren, sorgten sie für seine Entlassung – und doch starb er kurz danach. Viele wussten gar nicht, warum sie hier waren. Nach der individuellen Verantwortlichkeit wurde nicht gefragt. Sie spielte keine Rolle. Die wirklichen Verbrecher und Hauptverantwortlichen des Nationalsozialismus waren hier nicht zu finden, sie waren längst gen Westen geflohen.

Die Zustände im Speziallager waren so schlimm, dass in den drei Jahren, die es bestand, etwa 5 000 der Insassen starben. Das ist etwa ein Drittel aller Insassen. Immer wird der Hunger genannt, der quälte, oder die Krankheiten und die Kälte. Die meisten Insassen waren in Sommerkleidung interniert worden. Als der Win-ter kam und die Häftlinge keine warme Kleidung erhielten, bedeutete dies für viele den Kältetod. Nach seiner Schließung im Jahr 1948 wurden die Lager bewusst der Vergessenheit anheim gegeben. Das Gelände wurde vom Militär genutzt und war nicht zugänglich.

Erst nach der siegreichen Friedlichen Revolution wurden im Frühjahr 1990 Massengräber entdeckt, die zu öffentlicher Aufmerksamkeit und Diskussion um die Speziallager führten. In den 1990er Jahren begann der Arbeitskreis Fünfeichen an diesem Geschichtsort mit der verdienstvollen Aufgabe, das Tabu zu brechen, Zeitzeugen zu befragen und an die differenzierte Geschichte dieses Ortes zu erinnern. Dafür sei allen Beteiligten gedankt!

1999 wurden hier – mit Unterstützung des Volksbundes Deutsche Kriegsgräberfürsorge – Gedenkplatten mit den Namen der bekannten Toten des Speziallagers angebracht. Heute sind wir zusammengekommen, um den neugestalteten Kriegsgefangenenfriedhof mit den Namen der Opfer des Kriegsgefangenenlagers einzuweihen. Mehr als 5 000 Namen von Gefangenen konnten identifiziert und auf die Tafeln gesetzt werden.

Ich freue mich, Ihnen heute mitteilen zu können, dass es mit Unterstützung der Bundesregierung nun die Chance gibt, auch die Namen der sowjetischen Kriegsgefangenen weiter zu erforschen, so dass eines Tages auch Tafeln mit den Namen der Kriegsgefangenen aufgestellt werden können.

In diesen Tagen wird in ganz Europa des Endes des Zweiten Weltkrieges gedacht, jeweils aus der ganz konkreten Erfahrung.

Nach dem Zivilisationsbruch des Nationalsozialismus und den unvorstellbaren Menschheitsverbrechen gab es den festen Willen, so etwas NIE WIEDER geschehen zu lassen. Mit diesem Ziel wurden die Vereinten Nationen gegründet und ihre Charta als Grundlage internationalen Rechts geschrieben. 1948 wurde die Charta der Menschenrechte verabschiedet, 1949 das deutsche Grundgesetz, das wir nach Jahrzehnten der Teilung heute in ganz Deutschland als Basis allen Rechts teilen – und mit ihm seinen ersten Artikel:

(1) Die Würde des Menschen ist unantastbar. Sie zu achten und zu schützen ist Verpflichtung aller staatlichen Gewalt.

(2) Das Deutsche Volk bekennt sich darum zu unverletzlichen und unveräußerlichen Menschenrechten als Grundlage jeder menschlichen Gemeinschaft, des Friedens und der Gerechtigkeit in der Welt.

Europa hat der Macht des Stärkeren abgeschworen und sich auf einen Integrationsprozess eingelassen, der auf der Stärke des Rechts beruht, auf dem Ausgleich der Interessen und einer friedlichen Streitbeilegung.

So ist die Europäische Union gewissermaßen zur manifestierten Lehre aus den Schrecken der ersten Hälfte des letzten Jahrhunderts geworden.

Dies war nur durch das Angebot der Versöhnung möglich, dadurch, dass Menschen bereit waren, aufeinander zuzugehen und Brücken zu bauen. Dafür, dass dies möglich war, haben wir Deutschen allen Grund zum Dank.

Heute sind wir dabei, die geschichtlichen Erfahrungen und das Leid der Anderen besser wahrzunehmen und ernst zu nehmen, ohne dass der Eindruck entsteht, dass dadurch irgendetwas relativiert wird. Da muss noch viel geschehen, doch ich glaube, wir sind auf einem guten Weg.

Überall, wo die Toten der Vergangenheit für neue und alte Ideologien missbraucht werden, um eigene Interessen durchzusetzen, sind wir aufgerufen, dem entgegenzutreten.

Lassen Sie es uns Mahnung sein, wo auch immer die Würde jedes Menschen in Ehren zu halten. Die Toten dieser Friedhöfe nehmen uns dafür in die Pflicht. Ich danke Ihnen!

***

Das zerstörte Kassel nach dem britischen Luftangriff vom 22. Oktober 1943.

Foto: Volksbund-Archiv

Michael Müller
Regierender Bürgermeister von Berlin

Rede bei der Gedenkveranstaltung zum 70. Jahrestag des Kriegsendes in Berlin am 2. Mai 2015 im Berliner Abgeordnetenhaus

[Anrede]

Michael Blumenthal erzählte uns vor kurzem bei der Verleihung der Ehrenbürgerwürde an ihn, wie er den Wandel unserer Stadt seit seiner Kindheit wahrnimmt: „Das erste Berlin, das ich gekannt habe," so sagte er, „war ein sehr unschönes Berlin." Es war das Berlin, in dem er am 9. November 1938 die Synagoge in der Fasanenstraße brennen sah, es war das Berlin, aus dem er ausgebürgert wurde und aus dem er fliehen musste.

Heute dagegen, so Michael Blumenthal, „ist Berlin ein Leuchtturm geworden, eine weltoffene Stadt und eine der begehrtesten der Welt."

Wir gedenken heute der Ereignisse vor 70 Jahren. Am 2. Mai 1945 schwiegen die Waffen in Berlin. Wir haben heute Morgen am Schulenburgring 2 an die Unterzeichnung des Befehls von General Weidling erinnert, alle Kampfhandlungen sofort einzustellen. Damit war die Schlacht um die Reichshauptstadt Berlin beendet. Der Sieg der Alliierten, besiegelt am 8. Mai 1945 durch die bedingungslose Kapitulation der Wehrmacht, bedeutete die Befreiung von der Gewaltherrschaft des Nationalsozialismus.

Ohne diese Befreiung und ohne die Opfer, die so viele Menschen dafür erbracht haben, hätte Berlin nicht die Chance erhalten, sich zu der vielfältigen, weltoffenen und wachsenden Metropole zu entwickeln, die Berlin heute ist und die so viele Menschen aus aller Welt anzieht.

Wir verneigen uns heute vor all denen, die ihr Leben in diesem schrecklichen Krieg verloren haben. Und wir wollen heute auch daran erinnern, wie sehr die Völker der Sowjetunion – darunter Russen, Weißrussen und Ukrainer – seit dem 22. Juni 1941 unter dem verbrecherischen Angriffskrieg gelitten haben. Es war ein regelrechter Vernichtungsfeldzug. Bei der Befreiung Deutschlands vom Nationalsozialismus haben sie die größten Verluste erlitten. Die Rote Armee hat die Häftlinge von Auschwitz und Sachsenhausen befreit. Das wollen und dürfen wir nicht vergessen.

Der 2. Mai 1945 markiert das Ende des Krieges für die Berlinerinnen und Berliner. Aber sie blickten in eine ungewisse Zukunft. Zahlreiche Bildtafeln an verschiedenen Plätzen der Stadt erinnern in diesen Tagen an jenen Frühling des Jahres 1945. Berlin lag in Trümmern und die Menschen versuchten, im Alltag einen neuen Anfang zu finden.

Für viele war das Leid auch nach Einstellung der Kampfhandlungen nicht zu Ende. Die Nahrungsmittel waren knapp. Viele hungerten. Für die Frauen war es ein tägliches Ringen ums Überleben ihrer Familie. Als Trümmerfrauen leisteten sie Großes.

Täglich kamen Flüchtlinge in die Stadt, die aus ihrer Heimat im Osten vertrieben wurden. Andere gerieten in Kriegsgefangenschaft und kehrten vielfach nicht wieder nach Hause zurück.

Es gab neue Gewalt. Menschen wurden willkürlich erschossen und verhaftet. Viele tausend Frauen wurden durch die neuen Besatzer vergewaltigt. Auch daran muss heute erinnert werden.

Für andere bot sich erstmals nach Jahren in der Illegalität die Möglichkeit, wieder frei und offen zu leben. Ich denke an die untergetauchten und aus den Konzentrationslagern befreiten Verfolgten des NS-Regimes und an die Deserteure, die den Wahnsinn des Krieges nicht mitmachen wollten.

Vor allem aber denke ich an die Berliner Juden, die sich der Deportation in die Vernichtungslager hatten entziehen können. Es waren sehr wenige: Nur noch etwa 6 000 von etwa 160 000 Juden, die vor 1933 in Berlin gelebt hatten. Und auch nach dem Ende der Shoa war die Gesellschaft noch durchdrungen von latentem oder gar offenem Antisemitismus. Es folgten neue Demütigungen für Juden in Deutschland. Es war ein langer Weg, bis sich unser Land seiner Geschichte stellte.

Ich begrüße an dieser Stelle drei Frauen, die sehr viel dazu beigetragen haben, indem sie uns ihre persönlichen Erlebnisse erzählt und damit Zeugnisse dieser jüngeren Geschichte an die jüngere Generation weitergeben haben. Herzlich willkommen, Inge Deutschkron, Margot Friedlaender und Rahel Mann!

Offenes und ehrliches Erinnern, das können wir heute – 70 Jahre nach Kriegsende – sagen, gehört zu unserer Stadt. Es gehört zu Berlin, weil sich Bürgerinnen und Bürger dafür engagieren.

So war es bei der Gründung der Topografie des Terrors. So ist es heute bei der Pflege der vielen Stolpersteine in unserer Stadt. Und so ist es auch am Mahnmal für die Ermordeten Juden Europas.

Dort halten wir – Berlinerinnen und Berliner, Bürgerinnen und Bürger aus ganz Deutschland und Gäste aus aller Welt – inne, um an den Völkermord zu erinnern. Und um uns unserer Verantwortung dafür zu vergewissern, dass solches Unrecht nie wieder geschieht.

Sich offen und ehrlich zu erinnern heißt auch: Sich gegenüber der Trauer anderer Völker und Nationen zu öffnen.

Das deutsch-russische Museum in Karlshorst ist ein solcher Ort, an dem die ehemaligen Kriegsgegner gemeinsam an den Zweiten Weltkrieg erinnern.

Man muss sich nicht immer einig sein. Aber man sollte die Sicht des anderen respektieren. Und erkennen, wie sehr uns auch Gemeinsames verbindet: Die Trauer um die Opfer von Krieg und Gewalt, aber auch die gemeinsame Verantwortung für ein friedliches Miteinander in unserer heutigen Welt.

Heute vor 70 Jahren, am Ende eines mörderischen Krieges, lag Berlin in Trümmern.

Wir denken heute an die vielen Berlinerinnen und Berliner, die bei den Bombenangriffen und bei der Schlacht um Berlin ums Leben kamen. Und wir denken an die vielen Menschen in unserer Stadt, die diese Not miterleben mussten. Viele leben ja unter uns und tragen bis heute schwer an den Erinnerungen.

Aber wir wollen dabei nicht vergessen: Das war der totale Krieg, den die Nazis angekündigt hatten, denen so viele Deutsche gefolgt waren. Dieser Krieg hatte sich mit voller Wucht gegen das Land seiner Urheber gewendet.

Dankbar sind wir heute alle denen, die uns nach dem Krieg die Rückkehr in die Gemeinschaft der Völker ermöglicht haben, obwohl sie so sehr unter der deutschen Aggression gelitten haben.

Gerade hier in Berlin werden wir nicht vergessen, wie sehr Amerikaner, Briten und Franzosen unserer Stadt geholfen haben.

Und ich möchte an dieser Stelle auch unsere polnischen Nachbarn nennen. Wir wissen um das Leid, das sie erfahren haben und sind dankbar, dass wir heute gute Nachbarn im vereinten Europa sein können.

Berlin ist heute eine weltweit geachtete Hauptstadt. Unser Anspruch ist es, als europäische Metropole unseren Beitrag zu einem gerechten und respektvollen Zusammenleben im 21. Jahrhundert zu leisten.

Engagieren wir uns im Innern für den sozialen Zusammenhalt und fördern wir den Dialog der Religionen.

Treten wir all denen entschieden entgegen, die Hass und Gewalt gegen Andersdenkende und Andersgläubige verbreiten.

Pflegen wir den internationalen Austausch und die Partnerschaften mit Städten in aller Welt und setzen wir – auch mit dem Humboldt-Forum im Herzen Berlins – ein Zeichen der Weltoffenheit.

Gestalten wir Berlin als eine Stadt, wie sie unser neuer Ehrenbürger Michael Blumenthal vor einigen Tagen beschrieben hat: Als Magnet für Menschen aus aller Welt, die hier „voller Hoffnung mit ihren Talenten und ihrem Unternehmungsgeist das Leben dieser Stadt bereichern."

Und: Wo heute Menschen vor Krieg, Not, Verfolgung und Zerstörung in unsere Stadt fliehen und uns, die Nachkommen der Kriegsgeneration von 1945, um Aufnahme und Asyl bitten, begegnen wir diesen Flüchtlingen mit einer Willkommenskultur.

Vergessen wir nicht, was zwischen 1933 und 1945 geschehen ist. Und stellen wir uns der Verantwortung für eine bessere, eine gerechtere und eine friedlichere Welt!“

***

Flüchtlinge am Lehrter Bahnhof in Berlin, Frühling 1945.

Foto: Volksbund-Archiv

Frank-Walter Steinmeier
Bundesminister des Auswärtigen

Rede bei der Gedenkveranstaltung zum 70. Jahrestag des Kriegsendes in Berlin am 2. Mai 2015 im Berliner Abgeordnetenhaus

[Anrede]

Frühling in Berlin!

„Es ist ein wunderschöner Tag, die Sonne strahlt am blauen Himmel, man riecht den Frühling." So beschreibt der Zeitzeuge Arno Kiehl Berlin am 2. Mai 1945.

Der Himmel war blau – und was war unter diesem Himmel? Der Große Tiergarten ist ein Schlachtfeld. Sogar zwischen den Bäumen der einstigen Oase der Berliner hat der Kampf gewütet. Jetzt ist der Reichstag eingenommen.

Der junge sowjetische Soldat Ivan Aleksandrov meißelt mit einem kleinen Hämmerchen seinen Namen ins Mauerwerk. Wenige Meter entfernt, vor dem ausgebrannten Hotel Adlon, lagern Hunderte verwundeter Soldaten auf dem Mittelstreifen von Unter den Linden. Auf dem einstigen Prachtboulevard wird ein Notlazarett errichtet. Für viele kommt die Hilfe zu spät.

Etwas weiter, am Ufer der Spree: In den Ruinen des Monbijou-Schlosses versteckt sich, halb verhungert, eine Gruppe von Jugendlichen. Sie wollen nicht verheizt werden im sinnlosen, menschenverachtenden „Volkssturm“ Hitlers. Und doch wissen sie: Bis zuletzt – schon während die sowjetischen Maschinengewehre in den Straßenschluchten krachten – haben SS-Schergen ihre eigenen Landsleute ermordet, die dem zynischen „letzten Aufgebot“ entrinnen wollten. Jetzt ist es still, die Granaten explodieren nicht mehr. Die jungen Männer stecken die Köpfe hervor: Ist es sicher, sich wieder herauszuwagen? Ihr Blick schweift über die Spree in Richtung Schlossplatz. Trümmer, soweit ihr Auge reicht.

Berlin, am 2. Mai 1945!

70 Jahre später: Es ist der 2. Mai 2015. Wieder Frühling in Berlin. Wieder blauer Himmel. Heute morgen zumindest ... Der Tiergarten steht in frischem Laub. Die Kirschbäume blühen. Am Rande des Parks diskutiert eine bunt gemischte Jugendgruppe aus aller Herren Länder über ihre Berliner Entdeckungen. Sie essen ihr Picknick und sitzen auf großen grauen Betonblöcken, den Stelen des Holocaust-Mahnmals. Und so fällt ihr Gespräch auch auf Deutschland und seine Geschichte.

Nebenan der Reichstag. Irgendwo im Mauerwerk ist immer noch Ivan Aleksandrovs Name zu finden. Im Deutschen Historischen Museum können Sie derzeit sogar seinen Hammer und Meißel ansehen. Doch über diesen Reichstagsmauern beugen sich jetzt Besucher aus

Nah und Fern über das Glas der Kuppel und schauen hinunter in die Herzkammer der deutschen Demokratie.

Und am Ufer der Spree – dort, wo die jungen Leute sich versteckt hatten, wird jetzt in den Mai getanzt. Bunte Lichterketten, ein Biergarten und ein hölzerner Tanzboden direkt am Wasser. Eine Besuchergruppe aus Argentinien staunt im Vorbeigehen: Die Deutschen können Tango tanzen?

Und dann lassen auch sie den Blick über den Fluss schweifen und sehen, gleich hinter den prächtigen Insel-Museen, die Kräne auf dem Schlossplatz. Hier entsteht das Humboldt-Forum – ein Ort, wo die Welt mit ihren Menschen, ihrem Wissen, ihren Kulturen zusammenkommen und verschmelzen wird.

Stellen Sie sich vor, das wären zwei Fotoalben! „Berliner Frühling 1945“ und „Berliner Frühling 2015“. Diese beiden Alben liegen vor Ihnen – ist es nicht beinahe unglaublich, dass wir es mit derselben Stadt zu tun haben?

In einem Menschenleben ist das geschehen: von der totalen Verwüstung, die Deutschland über sich selbst und über die Welt gebracht hat, zu einer weltoffenen, attraktiven, pulsierenden Hauptstadt!

In einem Menschenleben ist das geschehen, und einige sind heute unter uns, die all das selbst durchlebt haben. Liebe Zeitzeugen: Wir freuen uns, dass Sie heute gekommen sind. Ihre Anwesenheit ist uns, den Nachgeborenen, so unendlich wertvoll und wir heißen Sie besonders herzlich in unserer Mitte willkommen!

Wenn ich diese beiden Fotoalben vor mir sehe, 1945 und 2015, und auf die erstaunliche Entwicklung blicke, die diese Stadt genommen hat, dann spüre ich zweierlei. Große Freude. Und tiefe Dankbarkeit.

Und dann frage ich mich: Was alles ist geschehen, dass es so werden konnte? Was ist geschehen zwischen diesen beiden Momentaufnahmen und was bedeutet es für die Rolle, die diese Stadt, die dieses Land heute zu erfüllen hat?

Zuallererst gilt ganz ohne Zweifel das, was Michael Müller bereits betont hat: Das Kriegsende, der 2. Mai am Schulenburgring und schließlich der 8. Mai in Karlshorst, war für Deutschland eine Befreiung! Auch wenn es lange gedauert hat, bis das der Selbstwahrnehmung der Mehrheit in Deutschland entsprach. „Die Wahrheit ist dem Menschen zumutbar“ hat Ingeborg Bachmann geschrieben. Richard von Weizsäcker hat sie den Deutschen zugemutet! Und damit hat sein Wort von der Befreiung selbst befreiend gewirkt für unser Land.

Doch diese Befreiung, von der Weizsäcker sprach, war eben nicht nur die Befreiung von etwas – von der nationalsozialistischen Gewaltherrschaft – sondern sie war zugleich eine Befreiung zu etwas. Indem wir befreit wurden von Rassenwahn und nationalsozialistischer

Gewaltherrschaft, vom dunkelsten Irrweg unserer Geschichte, wurden wir befreit zu „mehr Licht" auf unserem Weg nach vorn; zu Wachsamkeit und zur Selbstverpflichtung für diejenigen menschlichen und politischen Prinzipien, die Deutschland auf so beispiellose Art und Weise geschändet hatte. In unserer Befreiung also liegt zugleich unsere Verantwortung – die Verantwortung des „Nie wieder"!

In diesen zwei Worten ist verdichtet, was Schuld, Aufgabe und Verantwortung für uns Deutsche heute bedeuten – eingeschlossen darin, die Erfahrung einer schrecklichen Vergangenheit als Mahnung an künftige Generationen weiterzugeben und denen entgegenzutreten, die sie ignorieren. Nie wieder darf Rassenhass und Hass gegen Minderheiten Platz finden in unserer Gesellschaft!

Von Deutschland ist das Leid des nationalsozialistischen Terrors wie das des Krieges ausgegangen: all die Toten, die Vertreibungen und das beispiellose Menschheitsverbrechen der Shoah. Und ausgerechnet diesem Land ist es vergönnt gewesen, über die letzten sieben Jahrzehnte hinweg, langsam und schrittweise wieder hineinzuwachsen in die internationale Gemeinschaft der Völker und ins Herz des vereinten Europas.

Kein Ort verkörpert diese glückliche Entwicklung so bildhaft wie die Weltstadt Berlin heute, im Jahr 2015. Eine Entwicklung, für die wir zutiefst dankbar sein dürfen. Denn sie ist uns auch deshalb vergönnt gewesen, weil viele Opfer dem Land der Täter die Hand gereicht haben. Wir leben heute in Freundschaft mit unseren Nachbarn und ehemaligen Kriegsgegnern. Diese Freundschaft gilt es zu fördern und zu bewahren! Keiner hat uns daran so erinnert wie der große Deutsche, der diese Stadt und unser Land so tief geprägt hat: Willy Brandt. Nichts hat seine Mahnung an Gültigkeit verloren.

Eine Freundschaft ist in besonderer Weise Ausdruck dieser glücklichen Entwicklung, sie ist im Grunde fast ein Wunder – die Freundschaft zwischen der Bundesrepublik Deutschland und dem Staat Israel. In wenigen Tagen begehen wir das 50. Jubiläum der diplomatischen Beziehungen unser beiden Staaten – und das ist guter Anlass, sich des Wunders dieser Freundschaft neu zu vergewissern.

Nach den beispiellosen Verbrechen der Shoah, die Sie und Ihre Familien, verehrte Frau Deutschkron, Frau Friedlaender und Frau Mann, hier in Ihrer Heimatstadt Berlin am eigenen Leibe erleiden mussten, nach der systematischen Vernichtung allen jüdischen Lebens, sehen wir heute das Wunder auch in unserer Stadt: Jüdisches Leben blüht wieder auf! Viele junge Israelis kommen jedes Jahr nach Berlin, es gibt jüdische Theater, Festivals, Synagogen, Kulturzentren – sogar ordentliche Bagels kriegt man heute in Berlin, sagen manche … Blühen kann jüdisches Leben wieder in Berlin, verehrte Frau Deutschkron, Frau Friedlaender und Frau Mann, weil Sie uns neues Vertrauen geschenkt haben. Das ist uns bewusst! Und es ist uns Verpflichtung, zu pflegen und zu wahren, was neu gewachsen ist, und unsere Stimme zu erheben gegen jede Form von Antisemitismus in unserem Land!

Es erfüllt mich mit Demut und mit Dankbarkeit, dass wir Deutsche an einem Tag wie heute nicht allein sind in unserem Gedenken. Sondern wir gedenken gemeinsam mit den ehemaligen Kriegsgegnern. Gemeinsam mit jenen Ländern, denen Deutschland unter nationalsozialistischer Herrschaft unsägliches Leid zugefügt hat und die in der Befreiung Europas bis in die letzten Kriegstage hinein große Opfer gebracht haben. Erst vor drei Tagen haben wir auf dem großen Friedhof von Halbe vor den Toren der Stadt weitere 120 Tote bestattet, darunter auch sowjetische Soldaten, die noch ihr Leben lassen mussten, kurz bevor das große Morden endlich zu Ende ging!

Wenn ich in diese Runde schaue, wenn ich den Botschafter der USA, den Botschafter Russlands, die Vertreter unserer europäischen Freunde, und die Vertreter unserer Partner in der ganzen Welt in unserer Mitte begrüßen darf: Dann weiß ich, dass das „Nie wieder" für uns Deutsche auch bedeutet: „Nie wieder allein"!

Exzellenzen, Vertreter und Gäste aus aller Welt: Die Hand, die Sie und Ihre Heimatländer uns Deutschen gereicht haben – die lassen wir nicht mehr los!

„Nie wieder allein" – Das ist für mich als deutscher Außenminister nicht nur eine Mahnung unserer Geschichte, sondern zugleich ein Aufruf für die Zukunft. Es ist der Aufruf an deutsche Außenpolitik, uns zu engagieren für Verständigung zwischen den Völkern, für politische Lösungen in Konflikten und den Erhalt von friedenssichernden Strukturen.

Gerade Deutschland, dessen entfesselter Nationalismus die Welt ins Unheil gestürzt hat, gerade Deutschland, das seither behutsam und schrittweise wieder eingebunden wurde in die europäische und internationale Friedensordnung – gerade wir müssen heute – vielleicht mehr als andere – Verantwortung übernehmen für den Erhalt einer internationalen Ordnung. Einer Ordnung, die Frieden sichert, die aber unter unter Druck gerät in dieser Welt voller Konflikte und Gegensätze; einer Welt, die in diesen Monaten geradezu aus den Fugen zu geraten scheint.

Und wo sonst in Deutschland wird Verständigung so alltäglich erprobt, werden Gegensätze überwunden und neue Ideen und Spielregeln für das globale Zusammenleben entwickelt wie hier in Berlin?! Berlin, Weltstadt und Hauptstadt zugleich. Eine Stadt, die Menschen aus aller Welt anzieht und zugleich ihre eigenen Bewohner zur Begegnung mit der Welt herausfordert. Eine Stadt, in der Erinnerungskultur genauso zum Alltag gehört wie Arbeit an der Zukunft.

So vielschichtig diese Stadt, so vielschichtig ist die Erinnerung an einem Tag wie heute.

Wir trauern um die Verstorbenen, die Opfer in Berlin und alle Opfer jenes Krieges, der von hier in alle Welt ausgegangen ist.

Wir würdigen die, die als Zeitzeugen unter uns sind und uns an die Hand nehmen.

Wir sind dankbar, dass wir gemeinsam mit denen gedenken dürfen, die aus Gegnern zu Freunden geworden sind.

Wir vergewissern uns unserer Verantwortung für das „Nie wieder“, für Frieden und Verständigung in dieser viel zu oft so unfriedlichen Welt.

Und indem wir des dunkelsten Kapitels in der Geschichte Berlins gedenken, schöpfen wir Kraft und Zuversicht für eine friedlichere Zukunft, wie Oskar Maria Graf sie am Kriegsende in Versen zu fassen suchte:
„Das Ende brach zusammen hinter mir,
Anfang hat morgenfrisch die Tore aufgetan.
Der Boden unter meinen Füßen klingt,
und hoffend straffen sich die Schritte.“

Vielen Dank.

***

Aus Kolberg evakuierte deutsche Soldaten und Flüchtlinge verlassen am 13. März 1945 in Swinemünde den Zerstörer Z 34.

Foto: Sammlung G. Kneter. Volksbund-Archiv

Prof. Dr. Martin Sabrow
Historiker und Politikwissenschaftler

Festansprache zur Feierstunde anlässlich des 70. Jahrestages der Befreiung vom Nationalsozialismus und des Endes des Zweiten Weltkrieges in Europa am 30. April 2015 im Brandenburgischen Landtag

[Anrede]

Wir haben uns an diesem 30. April versammelt, um an den 70. Jahrestag des größten materiellen und ideellen Zusammenbruchs in der Geschichte der europäischen Zivilisation zu erinnern. Nichts an dieser Feierstunde ist so selbstverständlich, wie es uns heute scheinen mag. Es ist nicht selbstverständlich, an die 70. Wiederkehr der bedingungslosen Kapitulation des Deutschen Reichs zu erinnern; es ist nicht selbstverständlich, sie als Tag der Befreiung zu feiern und von einem Tag des Segens zu sprechen, wie es Herr Ministerpräsident Woidke eben tat; und es ist auch nicht selbstverständlich, zu diesem Anlass einen Historiker in die Arena der Politik einzuladen, dessen Amt allein die Erkenntnis der Vergangenheit ist und nicht die Gestaltung der Gegenwart im Hinblick auf die Zukunft.

Aber eine historische Einbettung dieses Datums und seiner eigenen mittlerweile siebzigjährigen Geschichte kann dazu beitragen, dass wir uns unseres eigenen Standorts in der Gegenwart besser vergewissern, dass wir uns über die Beziehung von Vergangenheitserfahrung und Zukunftserwartung klar werden, die unsere politische Kultur prägt.

Der 30. April als Zäsur

Auf der Ereignisebene markiert der 30. April 1945 die Agonie des sogenannten „Dritten Reiches". An diesem Tag war der nationalsozialistische Herrschaftsbereich auf kleine Inseln in Schleswig-Holstein, Mecklenburg und Sachsen zusammengeschmolzen, wurde München besetzt, drohte die US-Armee von der Elbe her die Reste der deutschen Westfront zu zerschlagen und kämpften sich in der zerstörten Reichshauptstadt sowjetische Truppen vom Potsdamer Platz und von der Weidendammer Brücke zum Reichstag und zur Reichskanzlei vor. In den ersten Morgenstunden des 30. April zerstörte Generalfeldmarschall Keitel mit einem Funkspruch die letzte Hoffnung auf Entsatz, die Hitler und seine Entourage im Führerbunker unter der Voßstraße noch gehegt haben mochten, und beschleunigte damit die Selbstauflösung der Schaltzentrale der NS-Herrschaft.

Am Nachmittag des 30. April beging Adolf Hitler im Bunker unter der Reichskanzlei in Berlin Selbstmord und ratifizierte auf diese Weise das Ende des „Dritten Reiches" und seines Krieges, das über Teilkapitulationen am 2. Mai in Berlin (gegenüber der Roten Armee) und am 4. Mai bei Lüneburg (gegenüber der britischen Armee) in den beiden Gesamtkapitulationen des 7. und

8. Mai in Reims und Berlin-Karlshorst formell vollzogen wurde.

Am selben 30. April, an dem Millionen displaced persons durch das Land irrten, während sich in den von den Alliierten besetzten Gebieten bereits erste Verwaltungsstrukturen etablierten, befreite die Rote Armee etwa 3 000 zurückgelassene Häftlinge im Konzentrationslager Ravensbrück.

Zur selben Zeit trieb die SS zehntausende Häftlinge in Todesmärschen von Bayern aus nach Süden, von Brandenburg aus nach Norden, um ihre Befreiung durch die Alliierten zu verhindern und diejenigen, die diese Tortur überlebten, an der Ostseeküste auf Schiffen zu deportieren oder durch eigene Flucht einem ungewissen Schicksal zu überlassen.

Am 30. April 1945 startete aber auch auf dem bei Moskau gelegenen Flugplatz Wnukowo die sogenannte Gruppe Ulbricht mit dem Auftrag, die Rote Armee bei der Wiederingangsetzung des öffentlichen Lebens zu unterstützen, während sich zur selben Zeit aus dem kurz zuvor befreiten Zuchthaus Brandenburg-Görden ein Treck ausgemergelter politischer Häftlinge durch die sowjetischen Einschlussringe nach Berlin durchzuschlagen versuchte. Am Abend des 30. April erschöpft auf Gut Ribbeck im Havelland gestrandet, fand der Elendszug der Befreiten noch die Kraft zu einer Versammlung, die mit einer Beschwörung der Einheit aller antifaschistischen Kräfte endete, wohingegen sich der in Bruchmühle bei Altlandsberg gelandete Walter Ulbricht zur gleichen Stunde auf den Weg in das 15 Kilometer entfernte und noch umkämpfte Berlin machte. Dort ging er in der Deckung der Roten Armee in den Folgetagen unverzüglich daran, Helfer für den Neuaufbau der Berliner Verwaltung und die Etablierung der Nachkriegsordnung in der zukünftigen Sowjetischen Besatzungszone zu rekrutieren.

Seine wichtigste Kaderreserve fand er nach der vollständigen Einnahme der Stadt durch sowjetische Truppen in Spandau, wo unterdes der Treck der befreiten Zuchthaushäftlinge aus Brandenburg Quartier gefunden hatte, und mit ihnen ging er daran, in Berlin ein neues Machtgefüge zu etablieren, in dem Hitlergegner verschiedener Richtungen zusammenwirkten, aber die kommunistischen Kräfte die Fäden zogen.

Dieser schicksalhafte 30. April 1945 war ein Montag, wir würden heute sagen: ein Brückentag – ein Brückentag allerdings, der die apokalyptische Sekunde zwischen dem nationalsozialistischen Grauen und der Geburt einer besseren Welt markierte.

Alexander Kluge nannte den 30. April „den letzten Werktag des Dritten Reichs", den brückenbildenden „Tag, an dem Hitler sich erschoss und die Westbindung der Deutschen begann". Diese teleologische Verkürzung ist gewiss problematisch. Sie übergeht die vierzig Jahre einer deutschen und globalen Teilung, die eben nicht nur den geraden oder windungsreichen Weg nach

Westen kannte. Der 30. April ist auch das Datum, das den zwölfjährigen Wettlauf zwischen europäischer Gesittung und deutscher Barbarei durch eine vierzigjährige Konkurrenz zwischen Ost und West, zwischen kommunistischer und liberaldemokratischer Ordnung der Welt ersetzte.

Aber beide Wege öffneten sich an eben demselben Tag, an dem die pervertierte Denkwelt des Nationalsozialismus und seiner Utopie einer germanischen Moderne in der Apokalypse des von ihm verursachten Grauens zugrunde ging. Der 30. April lässt sich als den Tag verstehen, an dem die nationalsozialistische Volksgemeinschaft sich auflöste und der Führermythos zerstob, als habe es ihn nie gegeben; der Tag, an dem der Tod des verführerischen Diktators eine gähnende Leere hinterließ, die neben einer den Zusammenbruch begleitenden Selbstmordwelle eine soziale Atomisierung auslöste und die bedingungslose Fokussierung auf das eigene Überleben anstachelte.

In jedem Fall stehen die Tage zwischen dem 30. April und dem 8. Mai 1945 in dieser Sicht als die große Zäsur in der Geschichte des 20. Jahrhunderts vor uns und als jene vielzitierte und von den Zeitgenossen vielbeschworene Stunde Null, die auf dem Weg der Re-education hier und der antifaschistischen Umwälzung dort die staatliche Kapitulation zur gesellschaftlichen Lossagung vom nationalsozialistischen Verderben werden ließ. Wir wissen heute, dass diese Sicht ebenso richtig ist wie falsch. Besser gesagt: Sie ist unvollständig. Denn sie bezeichnet den entschiedenen und umfassenden Bruch mit dem alten Regime und seiner Ideologie, der das Ende des Zweiten vom Ende des Ersten Weltkrieg unterscheidet. Aber sie blendet die vielen Verknüpfungslinien aus, die die NS-Herrschaft mit der Nachkriegszeit verbinden: der rasche Abbruch einer ohnedies unvollkommenen Entnazifizierung in beiden deutschen Gesellschaften, die Persilschein-Mentalität der Selbstentschuldung und die Projektion der unheilvollen Traditionen von hier Totalitarismus und dort Faschismus auf den jeweils anderen Teilstaat; die Kontinuität antidemokratischer, antipluraler, auch antisemitischer Denktraditionen und die spiegelbildliche Ausgrenzung breiter Strömungen des Widerstands; die verletzende Borniertheit gegenüber vielen Opfergruppen, die larmoyante Selbstviktimisierung und die fehlende Bereitschaft zu einer selbstkritischen Auseinandersetzung mit den Ursachen der nationalsozialistischen Herrschaftseroberung und ihrer Steigerung zu Gegnervernichtung und Weltkrieg, zu Völkermord und Holocaust.

Das Kriegsende in der Erinnerung

Das Datum des Kriegsendes hatte es schwer, sich im Erinnerungshaushalt der Deutschen festzusetzen. Lange bedeutete es nicht den befreienden Aufbruch aus dem Kerker der Gewaltherrschaft, sondern das Ende der „Deutschen Katastrophe“ im Sinne von Friedrich Meinecke und die individuelle Leiderfahrung, die die Zeitgenossen als Ende der Ordnung, als Verlust ihrer Existenz, als hilflos erfahrene Misshandlung erlebt hatten, woran auch die akademische Geschichtswissenschaft nicht rühren mochte: „Wir sind allesamt im Dickicht. In einem dunklen Wald sind wir vom Weg abgekommen", lauteten die Eröffnungsworte des Tübinger Historikers Rudolf Stadelmanns zu seiner Vorlesung im Wintersemester 1945/46.[1] Lange regierte das „leere und kalte Vergessen", wie Theodor Adorno 1959 feststellte.[2] Den 8. Mai betrachtete Bundeskanzler Ludwig Erhard noch 1965 lediglich als einen Tag „so grau und trostlos wie so viele vor oder auch nach ihm", während er in der DDR 1950 wie in Frankreich oder der Sowjetunion (dort 9. Mai) einen „höheren formalen Stellenwert" besaß[3] und zum staatlichen Feiertag erhoben wurde, aber als „Tag der Befreiung des deutschen Volkes vom faschistischen Joch durch die Sowjetarmee"[4] ganz im Dienst einer antifaschistischen Staatsdoktrin stand, die das Ende des Weltkriegs als Etappe auf dem Weg zum Sieg der sozialistischen Weltordnung verstand.[5]

An der mühsamen Entwicklung des 8. Mai zu einem Tag des erinnernden Gedenkens lässt sich die Länge des Weges abschätzen, in der jene gewisse Stille der Nachkriegszeit, die Hermann Lübbe rückblickend konstatierte, sich in das Bekenntnis zur historischen Schuld verwandelt hat, das uns heute auch hier im Brandenburgischen Landtag vereint. Über viele Jahre hinweg galt in der alten Bundesrepublik nicht der Untergang im Mai 1945, sondern der Wiederaufstieg seit dem Juni 1948 als Ausgangsdatum der neuen Zeitrechnung: „Nicht ‚nach der Befreiung', sondern ‚nach der Währung‘ begann das neue Kalendarium“, umriss Peter Rühmkorf noch 1972 die Bewusstseinslage der Westdeutschen[6)], die sich im Zwiespalt von positivem und negativem Gedanken gefangen fühlten. Diesen Zwiespalt brachte schon Theodor Heuss in der Sitzung des Parlamentarischen Rates am 8. Mai 1949 zum Ausdruck, als er mehr oder minder spontan die damals eben nicht selbstverständliche Erinnerung des Sozialdemokraten Walter Menzel an den Symbolgehalt dieses Tages aufnahm: „Ich weiß nicht, ob man das Symbol greifen soll, das in solchem Tag liegen kann. Im Grunde genommen bleibt dieser *8. Mai 1945* die *tragischste und fragwürdigste Paradoxie der Geschichte* für jeden von uns. Warum denn? Weil wir *erlöst und vernichtet in einem* gewesen sind.“[7)]

Das schwierige Datum wurde in der Bundesrepublik zu einem „Tag der Amnesie und der Amnestie“[8)], zu dem Datum nämlich, zu dem nach dem Ende einer ersten Phase der juristischen Aufarbeitung jeweils zum 8. Mai die Verfolgung von NS-Tätern erst 1955 auf vorsätzliche Tötungsdelikte und dann 1960 auf Mord beschränkt wurden.

Die erste Rede eines Bundespräsidenten und die erste Sondersitzung des Deutschen Bundestags zu einem Jahrestag des Kriegsendes fanden 1970 zum 25jährigen Jubiläum statt, und sie bewegten sich in einem metaphorischen Rededuktus, der moralische Selbstviktimisierung an die Stelle historischer Erklärung setzte, wie etwa Gustav Heinemann in einer Erklärung vor dem Diplomatischen Korps am 6. Mai 1970 veranschaulichte:

„Wir hatten ungezählte dunkle Stunden zu ertragen, ehe die verbrecherische Gewaltherrschaft der Nationalsozialisten von uns genommen wurde.“[9)]

Dass der Tag des Weltkriegsendes in der frühen Bundesrepublik anders als der 17. Juni und der Volkstrauertag nicht in den Symbolrang der „Feiertage und Tage der Besinnung“ erhoben wurde, hing freilich auch mit der entgegengesetzten Entwicklung in der DDR zusammen. Dort wurde die symbolpolitische Besetzung des 8. Mai bereits 1949 mit der Einweihung des Treptower Ehrenmals und 1960 der Neuen Wache in Berlin inszeniert und bis zum Ende des SED-Staates mit öffentlichkeitswirksamen Gedenkveranstaltungen und Kranzniederlegungen untermauert. Staatliches Schweigen hüben und staatliches Gedenken drüben aber trafen sich bis in die achtziger Jahre in ihrer gemeinsamen Distanz zur historischen Erfahrungsrealität. Während im Westen die Metaphorik des dunklen Verhängnisses alle Fragen konkreter Verantwortung und individueller Täterschaft zudeckte, blendete der heroische Duktus der staatlichen Befreiungsrhetorik in der DDR die Schrecken und Gräuel der Zivilbevölkerung bei der Eroberung Deutschlands aus und externalisierte die Schuld der vielen kleinen Nazis, die ganz auf den anderen deutschen Staat und seine Regierung in Bonn abgeschoben wurde.

Während sich diese zunehmend steriler werden Konfiguration der staatlich beherrschten Geschichtskultur im SED-Staat bis zu dessen Ende nicht mehr änderte, geriet der bundesdeutsche Umgang mit dem schwierigen Datum in den achtziger Jahren endgültig in erhebliche Bewegung. Wohl brachte Bundestagspräsident Philipp Jenninger die Ambivalenz des Datums in der Bundesrepublik zum vierzigsten Jahrestag 1985 im Bundestag noch einmal auf die Formel: „Der 8. Mai 1945 wird in uns Deutschen immer widersprüchliche Empfindungen wecken.“[10] Doch der nach ihm sprechende Bundespräsident Richard von Weizsäcker entschied den Zwiespalt von Vernichtung und Erlösung, von Kapitulation und Befreiung mit seiner Gedenkrede, die berühmt wurde, weil sie den Zeitgeist so sehr traf, indem sie den 8. Mai zu einem Datum erklärte, „das für alle Deutschen verbindlich ist“, und verlangte: „Schauen wir am heutigen 8. Mai, so gut wir es können, der Wahrheit ins Auge.“

Diese Wahrheit bestand für Weizsäcker nicht allein darin, die militärische Kapitulation als Befreiung zu bezeichnen – das hatte kaum anders Bundeskanzler Kohl wenige Tage zuvor auf einer Gedenkveranstaltung zum 40. Jahrestag der Befreiung von Bergen-Belsen auch gesagt –, sondern vor allem in der Klarheit, mit der er den 8. Mai 1945 als Folge des 30. Januar 1933 hinstellte; in der prononcierten Opferzentrierung samt einem dezidierten Akzentwechsel von den deutschen Opfern zu den Opfern der Deutschen, die er in ihren einzelnen Gruppen differenzierte; und zugleich in der Unverstelltheit, in der er eine niemals abschließbare Auseinandersetzung mit der Last der Vergangenheit einforderte: „Der 8. Mai ist für uns vor allem ein Tag der Erinnerung an das, was Menschen erleiden mußten. Er ist zugleich ein Tag des Nachdenkens über den Gang unserer Geschichte. Je ehrlicher wir ihn begehen, desto freier sind wir, uns seinen Folgen verantwortlich zu stellen.“[11)]

Weitere dreißig Jahre später können wir sagen, dass das nunmehr vereinigte Deutschland diesem Anspruch in bemerkenswertem Maße gerecht zu werden versucht hat. Zwar ist der 8. Mai trotz vereinzelter Initiativen 1990 nicht zum Nationalfeiertag der vereinten Deutschen geworden, sondern stand auch damals in der öffentlichen Meinung weit hinter der Konkurrenz zwischen dem 9. November und dem letztlich gewählten 3. Oktober zurück. Aber die insoweit vereinigten Anstrengungen von Fachwissenschaft, öffentlicher Erinnerungskultur und Geschichtspolitik haben Schlussstrichforderungen ebenso aus dem Bereich des Sagbaren verbannt wie verklärende Bemühungen um eine positive Identifikation mit der deutschen Nationalgeschichte.

Auch bald ein Dreivierteljahrhundert nach dem Ende des Zweiten Weltkriegs nimmt die mediale Präsenz von nationalsozialistischer Verführung und Gewalt, von Euthanasie und Judenmord, von Angriffskrieg und Widerstandskampf eher zu als ab. Selbst ein lange vergessener wenn nicht verfemter Hitler-Attentäter wie Johann Georg Elser ist mittlerweile zum Spielfilmthema geworden und überstrahlt als meterhohe Stahlsilhouette die einstige Berliner Regierungszentrale in der Wilhelmstraße; an der Bundesautobahn 7 wirbt heute eine „touristische Unterrichtungstafel“ mit der Aufschrift „Heimat von Georg Elser“ um einen Besuch in dem beschaulichen Ort Königsbronn an der Ostalb, finanziert von eben dem schwäbischen Heimatort, der seinen mutigen Sohn über viele Jahrzehnte hinweg schamhaft verschwiegen hatte.

Auch die Bundesregierung hat sich im aktuellen Koalitionsvertrag dazu bekannt, die Aufarbeitung der NS-Vergangenheit von Ministerien und obersten Bundesbehörden weiter voranzutreiben. Die andauernde Auseinandersetzung mit der NS-Vergangenheit, das Bekenntnis zur deutschen Schuld und zur generationenübergreifenden Verantwortung, die Empathie für die Opfer und das entschlossene Vorgehen gegen jede Vergangenheitsvertuschung sind in den vergangenen 35 Jahren zu immer wieder herausgeforderten, aber im Ganzen doch erstaunlich festen Fundamenten des deutschen Geschichtsdiskurses geworden, und sie haben im Bemühen, die Wiederholung einer „zweiten Schuld“ zu verhindern, wie dies Ralph Giordano nannte, nach 1989/90 auch den Umgang mit der zweiten deutschen Diktatur geprägt.

Negiert wird dieser Konsens durch andere Geschichtskulturen – durch arabischen Antizionismus, durch iranische Holocaustleugnung, durch türkischen Protest gegen die Bewertung des Armeniermordes als Genozid. Aber daran zeigt sich um so mehr, dass die fortgesetzte kritische und selbstkritische Auseinandersetzung mit der historischen Bürde des nationalsozialistischen Zivilisationsbruchs und ohne wechselseitige Aufrechnung und Relativierung auch der Last der doppelten Vergangenheit zum Kern des deutschen und in nationalen Modifikationen auch des europäischen Selbstverständnisses geworden ist. Wer gegen die Maximen des „Nie wieder" und der Opferempathie verstößt, stellt sich außerhalb der Grenzen des öffentlich Sagbaren und des gesellschaftlich Duldbaren. In einem Wort: Die Bundesrepublik der Gegenwart lebt in einem kathartischen Geschichtsbild, dessen Fluchtpunkt nicht mehr der Stolz auf die eigene Vergangenheit ist, sondern die Genugtuung über die Emanzipation von ihr und die Aufarbeitung ihrer Irrwege.

Der wohlfeile Geschichtskonsens

Viel wurde erreicht, und viel wurde auch in Brandenburg erreicht. Das Land hat beispielgebende Vergangenheitsarbeit geleistet und gefördert – mit der Stiftung Brandenburgische Gedenkstätten und mit zahlreichen Initiativen und Kommissionen, Gedenkstätten und Lernorten zur zeithistorischen Aufarbeitung sowohl der NS-Herrschaft wie der SED-Diktatur und jüngst einer Enquetekommission zum Stand der DDR-Aufarbeitung im Bundesmaßstab. Und es wird dies auch weiterhin tun. Können wir also siebzig Jahre danach zufrieden sein? Ich meine: nein. Vielmehr ist eine ernüchternde Feststellung am Platz: Unser vergangenheitskritischer Geschichtskonsens ist wohlfeil geworden. Er kostet nichts mehr, und im selben Maße, in dem er zum selbstverständlichen Fundament unserer politischen Kultur wurde, hat er auch sein aufrüttelndes Potential eingebüßt. Die Konfrontation mit der NS-Vergangenheit verlangt uns nichts mehr ab, weil sie uns selbst nicht mehr einschließt, sondern höchstens in unserem Besser-Sein bestätigt. Im beruhigenden Glauben, aus der Geschichte gelernt zu haben, handeln wir in Wahrheit wie alle Generationen vor uns, die mit dem Blick auf die Vergangenheit Bestätigung für ihr Selbstverständnis in der Gegenwart bezogen. Das Projekt der historischen Aufklärung ist zur Realität einer historischen Affirmation geworden, die aus der Beschäftigung mit der Vergangenheit nicht mehr unbequeme und womöglich unwillkommene Erkenntnisse zieht, sondern immer wieder vertraute Bilder reproduziert und ritualisiert.

Längst ist der Schrecken der nahen Vergangenheit kommensurabel geworden[12)] und hat der Geschichtstourismus sich nach den historischen Idyllen auch der Schattenorte der Geschichte bemächtigt; längst dienen die Schauplätze des Grauens gleichermaßen dem historischen Lernen wie als wirtschaftliche Standortfaktoren und Alleinstellungsmerkmale des Stadtmarketings. Im Geschichtsboom unserer Zeit kommen Last und Lust der Vergangenheitserfahrung zur Deckung und verbindet sich die betroffene Distanzierung vor dem Jahrhundert der Extreme mit der Sehnsucht nach der erfahrbaren Authentizität ihrer Relikte.

Doch nicht so sehr die kulturelle Trivialisierung unseres kathartischen, auf Brechung und Distanzierung angelegten Geschichtsbildes selbst muss uns besorgt machen, sondern die falsche Sicherheit, in der sie uns wiegt. Die wachsende Zahl von Mahnmälern und Gedenkstätten, die Zunahme von Stolpersteinen und Gedenktagen macht uns ehrlich gegenüber der verübten Unmenschlichkeit der Vergangenheit, wie Richard von Weizsäcker 1985 forderte. Aber macht sie uns auch stärker gegenüber der drohenden Unmenschlichkeit in der Gegenwart? Nur wenige Pegida-Demonstranten dieser Monate schöpfen aus dem ideologischen Arsenal des Faschismus, und ihre Kandidatin für die Dresdner Oberbürgermeisterwahl erklärt im Brustton der Überzeugung: „Wir sind alle keine Nazis, keine Rechtsradikalen. Wir sind Patrioten.“[13)]

Der „Front national“ in Frankreich kann sich empört von seinem Gründer distanzieren, weil der die Gaskammern von Auschwitz für eine Marginalie hält, und hat darum doch nichts von seiner Bedrohlichkeit für die offene Gesellschaft und ihre Werte eingebüßt. Die sich in diesen Monaten so erschreckend stark artikulierende Abwehr von Fremden und Flüchtlingen, die Ausbreitung rechtsradikaler und ausländerfeindlicher Einstellungen, sie sind weitgehend immun gegen die Anstrengungen der historischen Aufarbeitung, weil sie nicht gegen, sondern mit unserem Geschichtskonsens zu arbeiten vorgeben, weil ihre Protagonisten sich als moderne Patrioten verstehen und nicht als ewiggestrige Altnazis.

Das Wissen um die Irrwege der deutschen Geschichte schützt wenig vor den Bedrohungen unserer politischen Gegenwartskultur. Gegen die Brandsätze von Tröglitz hilft das Wissen nicht, dass an derselben Stelle vor siebzig Jahren der KZ-Häftling Imre Kertész gelitten hat.

Dieser Befund macht das Projekt der erinnernden und gedenkenden Aufarbeitung nicht überflüssig, in das wir in den vergangenen Jahrzehnten gerade in Deutschland, aber längst auch im europäischen Ausland so viel investiert haben. Wir müssen an der gegen so viel Abwehr und Ausweichen erreichten Intensität der Auseinandersetzung mit unserer furchtbaren Vergangenheit festhalten – aus Respekt vor den Opfern, aus Respekt vor der Wahrheit, aus Respekt vor uns selbst. Aber sie sollte uns nicht in dem fatalen Glauben wiegen, dass es damit getan sei – die Aufarbeitung der belasteten Vergangenheit sichert noch nicht den Weg in eine unbelastete Zukunft.

Ich danke Ihnen für Ihre Aufmerksamkeit.

***

Anmerkungen

1) Winfried Schulze, Deutsche Geschichtswissenschaft nach 1945, München 1989, S. 16 f.
2) Theodor W. Adorno, Was bedeutet: Aufarbeitung der Vergangenheit? In: Ders., Eingriffe. Neun kritische Modelle, Frankfurt am Main 1963, 125-146, hier S. 125.
3) Jan-Holger Kirsch, „Wir haben aus der Geschichte gelernt". Der 8. Mai als politischer Gedenktag, in Deutschland, Köln/Weimar/Wien 1999, S. 46.
4) Losungen zum Tag der Befreiung, in: Neues Deutschland, 5ö.5.1950.
5) „Wir aber in der Deutschen Demokratischen Republik werden am kommenden 8. Mai, fünf Jahre nach der Kapitulation, zum ersten Male den Tag der Befreiung festlich begehen. In den ersten Jahren nach 1945 wäre es für viele vielleicht nicht leicht gewesen, das Ereignis des 8. Mai wirklich als Befreiung zu verstehen. Heute nach Gründung der Deutschen Demokratischen Republik ist das anders. Die großen politischen und wirtschaftlichen Erfolge, die Freundschaft der Nachbarstaaten und besonders der Sowjetunion, die immer deutlicher hervortretenden Unterschiede zwischen der Republik und dem anglo-amerikanischen Protektorat Westdeutschland lassen es für jeden sichtbar werden: es war wirklich eine Befreiung. Das schließt zugleich die Erkenntnis ein, dass wir diese Befreiung nur dann festhalten und zur ganzen Entfaltung bringen können, wenn wir treue Freundschaft mit der So-

wjetunion zum unwandelbaren Grundsatz unserer Politik machen Wir werden daher am 8. Mai dankbar vor den Gräbern der sowjetischen Soldaten stehen, die für die Befreiung ihrer Heimat und damit zugleich für die Befreiung des deutschen Volkes vom Faschismus gefallen sind." Dr. X, Warum feiern wir den 8. Mai? In: Berliner Zeitung, 4.5.1950.

6) Zit. n. Kirsch, „Wir haben aus der Geschichte gelernt", S. 47.
7) Der Parlamentarische Rat, 1948-1949: Akten und Protokolle, Bd. 9, bearb. von Wolfram Werner, München 1996, S. 542; Hervorhebungen i.O.; M.S.
8) Kirsch, „Wir haben aus der Geschichte gelernt", S. 49.
9) Zit. n. Kirsch, „Wir haben aus der Geschichte gelernt", S. 52.
10) Jenninger, 9.5.1985.
11) Bundespräsident von Weizsäckers Rede zum Kriegsende „Der 8. Mai ist ein Tag der Befreiung", Süddeutsche Zeitung, 31.1.2015.
12) D. Claussen, „Veränderte Vergangenheit. Über das Verschwinden von Auschwitz, in: Nicolas Berg/J. Jochimsen/B. Stiegler (Hg.), Shoah. Formen der Erinnerung. Geschichte, Philosophie, Literatur, Kunst, München 1996, S. 77-92, hier S. 84.
13) Matthias Meisner, Tatjana Festerling, Pegida-Kandidatin: „Kandidatin aus dem Volk für das Volk", in: Der Tagesspiegel, 8.4.2015.

Ostpreußische Flüchtlinge 1945.

Foto: Volksbund-Archiv

Richard Drexl, Oberst a. D.
Präsident des Bayerischen Soldatenbundes

Rede auf der Gedenkfeier des Bayerischen Soldatenbundes zum 70. Jahrestag des Endes des Zweiten Weltkrieges am 9. Mai 2015 auf dem Münchner Waldfriedhof

[Anrede]

Der Zweite Weltkrieg liegt nun 70 Jahre zurück, in Menschenleben gerechnet drei Generationen. Die Zeitzeugen dieses Grauens werden weniger; diejenigen werden weniger, die aus eigener Anschauung, aus eigener Erfahrung wissen, wovon wir sprechen. Diejenigen, die gesehen haben, was Krieg bedeutet, ihn am eigenen Leib verspürt, ihn bei Mitmenschen oder Familienangehörigen erlebt haben.

Wir, die wir hier stehen, reden von Dingen, die uns erzählt wurden. Wir reden von Geschichten und Beschreibungen anderer, wir waren nicht dabei. Die Worte von Zeugen dieser unmenschlichen Zeit werden rar. In wenigen Jahren wird keiner mehr da sein, keiner wird mehr dabei gewesen sein. Wir sollten uns fragen, was dies für Folgen haben wird. Der französische Philosoph Gabriel Marcel hat einmal gesagt: „Weil die Toten schweigen, beginnt immer wieder alles von vorn“!

Damit die Toten nicht schweigen, damit wir ihre Stimme hören, begehen wir dieses Gedenken an das

Ende des Zweiten Weltkrieges vor nunmehr 70 Jahren. Das Gedenken gehört zentral zum Selbstverständnis des Bayerischen Soldatenbundes. Warum das so ist? Weil unsere frühen Vorfahren die Grauen des Krieges erlebt haben. Die Mitglieder des Soldatenbundes hat dieses Band zusammengeführt und zusammengehalten. Weil das Gedenken dazu beitragen soll, dass nicht immer wieder alles von vorn beginnt.

Moderne Gesellschaften haben ein kurzes Gedächtnis. Man lebt im Hier und Heute und frönt der Gegenwart. Was gestern war und morgen werden kann, ist weniger wichtig. Solange es einem nur jetzt gut geht. Man lebt ja schließlich heute! Und überhaupt: Die damals, die waren doch sowieso total rückständig, das waren doch alle Nazis! Hätten die doch was dagegen getan, gegen Nationalsozialismus und Diktatur, gegen den mörderischen Krieg!

Meine sehr geehrten Damen und Herren, da sind wir am Punkt. Jeder erlebt, wie schwierig es ist, in einer freien demokratischen Gesellschaft Gehör zu finden. Sagen kann jeder alles; aber, hört auch jemand zu? Die eigene Stimme geht unter im vielstimmigen Konzert. Wie mag das gewesen sein, als nicht mal jeder alles sagen durfte, als es keine freie Meinungsäußerung gab? Als man jedes Wort auf die Goldwaage legen musste, um nicht in Verdacht zu geraten? Als jedes kritische Wort zu Verhaftung und Konzentrationslager führen konnte? Und den Angehörigen Sippenhaft drohte, wenn die Falschen zugehört haben. Wie war das, dem nationalistischen Furor ausgesetzt zu sein, als Andersdenkende und Andersartige brutal verfolgt wurden? Wer nicht für uns ist, ist gegen uns! Ein schlimmer Satz – heute wie damals! Als ob hundertprozentige Gefolgschaft ein menschliches Ziel sein könnte. Die Menschen gleichschalten zu wollen, ist ein Schritt in die Unmenschlichkeit! Das menschliche Leben ist auf Vielfalt angelegt!

Nur, meine sehr geehrten Damen und Herren: Wir haben heute leicht reden! Wie lebt es sich tatsächlich, wenn die staatliche Propaganda jeden Bürger von morgens bis abends berührt? Wenn außer dem staatlichen Rundfunk und gleichgeschalteten Zeitungen kaum andere Informationsquellen zur Verfügung stehen?

Meine sehr geehrten Damen und Herren, liebe Kameraden, derartiges gibt es auch in unserer Zeit. Nationalistische Propaganda war und ist ein Appell an die Schattenseiten des Menschen, weil aus kleinen Unterschieden große gemacht werden. Weil sie andere ausgrenzt und ihnen schlechte Motive für ihr Handeln unterstellt. Weil sie den Keim nährt, aus dem Unfrieden und am Ende Krieg entstehen können. Dem treten wir entgegen, auch in der Gegenwart.

In Russland entfacht die staatliche Propaganda ein Trommelfeuer auf allen Kanälen. Die Bürger werden mit dem imperialen Syndrom infiziert. Putin spielt seinem Volk das Lied von der großen Nation vor, die gedemütigt wird und sich wehren muss. Das Regime ist nicht fähig, im eigenen Land eine konkurrenzfähige Wirtschaft aufzubauen. Dafür wird unter Bruch des Völkerrechts die Krim annektiert, die ihnen angeblich seit Urzeiten gehört. Und im Nachbarland Ukraine wird ein Krieg angezettelt. Der Westen ist der Feind, der dem Land das Leben schwer macht. Eine fünfte Kolonne wird beschworen, ausländische Agenten verkörpern das Böse. Man wundert sich, wie derartige Mechanismen in einem entwickelten Land heute noch funktionieren können!

Meine Damen und Herren, uns erinnert das fatal an eine vergangene Zeit, die wir glaubten, längst hinter uns zu haben. Es ist nicht meine Absicht, einen Vergleich zu ziehen zwischen dem Dritten Reich und dem heutigen Russland. Das verbietet sich von selbst. Die monströsen Verbrechen der Nationalsozialisten lassen keinen Vergleich zu. Das heutige Russland steht auf einer anderen Stufe. Es muss aber erlaubt sein, auf Mechanismen hinzuweisen, die offensichtlich noch immer funktionieren.

Lernen wir aus unserer unheilvollen Geschichte! Der Zweite Weltkrieg hat unermessliches Leid über die Menschheit gebracht. Es werden wohl weit über 50 Millionen ihr Leben gelassen haben, niemand kennt die genaue Zahl. Wir sind heute frei genug, auch das Unrecht anzusprechen, das von Deutschen ausgegangen ist. Auch wenn wir hier an einem Soldatenfriedhof mit vielen gefallenen deutschen Wehrmachtssoldaten stehen.

Die Wehrmacht war Werkzeug in der Hand eines Verbrechers. Adolf Hitler hat den Weltenbrand vom Zaun gebrochen, um seiner Macht willen und um seine nationalistischen Ziele zu verwirklichen. Er war es aber nicht allein. Hitler hat den verlorenen Ersten Weltkrieg zur nationalistischen Brandfackel gemacht, der Hunderttausende begeistert hinterher gelaufen sind. Der Täter waren in der Folge viele. Auch Soldaten der Wehrmacht sind zu Tätern geworden, sie haben mit anderen die Völkermordpläne des Diktators ausgeführt. Daran gibt es nichts zu deuteln. Das war tausendfach bezeugte Realität.

Aber werte Kameraden, auch wenn viele, zu viele, zu Tätern geworden sind, geht es nicht an, Soldaten als Mörder zu bezeichnen. Gemordet haben auch Zivilisten, oder Polizisten und Feuerwehrleute, auch Politiker mit dem Bleistift in der Hand. Insgesamt 18 Millionen Deutsche dienten als Soldaten in der Wehrmacht. Viele von ihnen haben Unvorstellbares erleben müssen, Schreckliches erlitten oder sind eines grausamen Todes gestorben. Unsere Verantwortung ist es, uns kritisch mit der Vergangenheit auseinanderzusetzen, um daraus Lehren für die Zukunft zu ziehen. Heroisierung und unkritische Rechtfertigung verbieten sich ebenso wie pauschale Verurteilung.

Die Wehrmacht war kein weitgehend unbefleckter Hort von Anstand und Ehre. Sie war als Organisation des Dritten Reiches in Verbrechen des Nationalsozialismus verstrickt, mit ihrer Spitze, mit Teilen der Truppe und mit Soldaten, die individuell schuldig geworden sind. Schuld ist aber immer persönlich, Kollektivurteile über das Handeln der Wehrmacht sind genauso haltlos wie die Rede von der Kollektivschuld der Deutschen. Wir dürfen diejenigen, die tapfer, aufopferungsvoll und persönlich ehrenhaft gehandelt haben, nicht pauschal verurteilen. Viele ehemalige Soldaten verdienen unseren Respekt und unser Verständnis für die schwierige, meist ausweglose Lage, in der sie sich im Krieg befanden. Insbesondere auch diejenigen, die dem Widerstand im Dritten Reich angehört haben.

Im Nachhinein nun sozusagen eine quasi Widerstandspflicht zu konstruieren, der Vergangenheit den Prozess zu machen, darauf kann nur jemand kommen, der aus der sicheren Distanz und ohne persönliches Risiko den Besserwisser spielen möchte. Wir haben mit der Gnade der späten Geburt leicht reden, den Stab zu brechen über unsere Väter und Großväter. Soldaten sind keine pauschalen Mörder, wie es Polizisten auch nicht sind. Aber sie können zum Mörder werden, wie andere Menschen auch. Ein Krieg kann vorher unbescholtene Menschen enthemmen und zu Bestien werden lassen. Beispiele der jüngeren Zeit aus Südostasien und dem Irak kennen wir. Die Zivilisation ist eine dünne Schale, ganz besonders im Krieg. Ganz besonders dann, wenn systematisch Gewalt angewendet wird.

Meine sehr geehrten Damen und Herren, Krieg und Vertreibung gibt es auch in der Gegenwart. Trotz Gründung der Vereinten Nationen nach dem Zweiten Weltkrieg, trotz Friedensnobelpreis und Mahatma Gandhi, trotz Gründung der Europäischen Union und vielfältiger verdienstvoller Bemühungen unzähliger Menschen seit Jahrzehnten um den Weltfrieden.

Es gibt eine Wurzel des Bösen. Nicht erst die moderne Psychologie hat herausgefunden, dass im Menschen beides angelegt ist: Das Schlechte und das Gute. Obwohl es in der Natur kein Gut und auch kein Böse gibt. Wir werden damit leben müssen. Daher werden Streitkräfte weiterhin gebraucht, damit souveräne Staaten nicht zum Spielball anderer werden. Das ist heute so richtig wie früher. Entscheidend ist, ob nach Recht und Gesetz gehandelt wird.

Gedenken wir der Menschen, die im Zweiten Weltkrieg durch Krieg und Vertreibung, durch Gewalt und Gewaltherrschaft ihr Leben lassen mussten. Hierzu gehören auch Millionen Zivilisten, die ihr Leben verloren haben. Ob in Polen oder der Ukraine, ob in Russland oder Frankreich. Es gehören auch die unzähligen Menschen dazu, die durch den alliierten Bombenkrieg gegen deutsche Städte alles verloren haben. Gerade München kann ein Lied davon singen.

Denken wir auch daran – was Heinrich Böll einmal einforderte –, wie die Einzelnen gestorben sind, unter welchen Schmerzen, Schreien, Flüchen und Gebeten? Denken wir daran, dass auch in unserer Gesellschaft viele Menschen bekümmert sind, weil sie Angehörige und Freunde verloren haben, vergewaltigt und vertrieben worden sind.

Die Fähigkeit zu trauern ist Teil der Menschenwürde. Das Gedenken ist nicht nur eine Erinnerung an die Toten, an das Verlorene und Zerstörte. Es ist auch Mitgefühl und Verbundenheit mit den Hinterbliebenen. Und es ermahnt an unseren Auftrag für Gegenwart und Zukunft!

Das Gedenken benötigen wir als Stachel im Fleisch unserer Vergesslichkeit, als Aufschrei dagegen, dass auch heute viele Menschen leiden: unter Krieg und Vertreibung, Mord und Folter, Gewalt und Terror.

Dieser Tag des Gedenkens ist mithin nicht nur ein Tag der Toten, er ist auch ein Tag der Lebenden. Er bringt uns zum Nachdenken. Richard von Weizsäcker hat das einmal so formuliert: „Die Jungen sind nicht verantwortlich für das, was damals geschah. Aber sie sind verantwortlich für das, was in der Geschichte daraus wird."

Die Botschaft der Gräber und Gedenkstätten der Opfer von Krieg, Gewalt und Terror heißt: Frieden! Frieden und Achtung vor dem Leben! Wir tragen die Verantwortung dafür, dass aus der Trauer, aus der Erinnerung das persönliche Engagement erwächst, den Frieden in uns selber, in unserem Land, in Europa und in der Welt zu bewahren.

Dieses Engagement ist es, das heute den Einsätzen unserer Soldaten für die Völkergemeinschaft Sinn verleiht: nämlich Krieg und Terror zu beenden, den äußeren Frieden zu sichern.

Ein entscheidender Grund, weshalb ich mich entschlossen habe, nach meiner Pensionierung für den Bayerischen Soldatenbund zu arbeiten ist das Gedenken. Es hat bei uns einen hohen Stellenwert, es soll der Mahnung und damit dem Frieden dienen. Auch sind drei Brüder meiner Mutter und ein Bruder meines Vaters im Krieg geblieben. Ich engagiere mich aber auch aus der Dankbarkeit heraus, dass mich das Schicksal über 40 Jahre hat Soldat sein lassen, ohne in einen Kriegseinsatz gehen zu müssen. Wer könnte mehr froh darüber sein, als ein Soldat? Soldaten haben im Krieg als erste die oft mörderische Suppe auszulöffeln.

Unsere vornehmste Aufgabe freilich gilt dem inneren Frieden: in uns selbst, in unserer Gesellschaft, in unserem Land. Eine Gesellschaft, die den inneren Frieden nicht sichern kann, wird zum Frieden in der Welt wenig beitragen können.

Halten wir das Andenken der Opfer in Ehren!
Hören wir auf ihr Vermächtnis!
Üben wir den Frieden.
Mit Toleranz und Geduld!

Nur weil die Toten schweigen, darf nicht immer wieder alles von vorn beginnen. Das ist der Auftrag, den uns der Zweite Weltkrieg hinterlassen hat.

***

Erschießung von Partisanen in Russland 1941.

Foto: Volksbund-Archiv

Prof. Dr. Rainer O. Neugebauer
Sozialwissenschaftler

Rede bei der Gedenkveranstaltung des Deutschen Gewerkschaftsbundes am 8. Mai 2015 in der KZ-Gedenkstätte Langenstein-Zwieberge

[Anrede]

Am 8. Mai 1945 – für die Sowjetunion am 9. Mai – endete der Zweite Weltkrieg, der 1939 von Deutschen begonnen wurde und eine Spur von unbeschreiblichem Leid, Verwüstung und von mörderischer Vernichtung nicht nur in Europa hinterlassen hat. Wir sind hier auf dem Gelände des ehemaligen Konzentrationslagers Langenstein-Zwieberge, um der Opfer des deutschen Angriffs- und Vernichtungskrieges zu gedenken, aber auch um an die Täter und Mitläufer zu erinnern und unseren Dank an die Befreier abzustatten, denn Deutschland musste zur Kapitulation gezwungen werden.

I.

Arno Lustiger, Überlebender des Ghettos Bedzin, des Zwangsarbeiterlagers Annaberg, der Konzentrationslager Ottmuth, Auschwitz, Groß-Rosen, Buchenwald und Langenstein-Zwieberge – „Das schlimmste Lager meiner Häftlingskarriere“ – und Überlebender zweier Todesmärsche hat es im Jahr 2000 so formuliert: Es sei „... unerlässlich, der Millionen sowjetischer Soldaten zu gedenken, die im Kampf gegen Hitlerdeutschland gefallen sind oder in der Kriegsgefangenschaft ermordet wurden. Ohne ihr Opfer wäre die Welt verloren; sie haben uns vor der Herrschaft des mörderischen Nazismus gerettet. Auch den Helden der Roten Armee verdanken wir neben den westlichen Alliierten unser Überleben." Kein Land hat in Europa im Zweiten Weltkrieg einen so hohen Preis gezahlt wie die Sowjetunion.

50 bis 60 Millionen Tote, davon fast die Hälfte sowjetische Soldaten und Zivilisten, sechs Millionen ermordete Juden, die Barbarei ist unübersehbar, zugleich unfassbar, und macht uns eigentlich sprachlos. Einige unter uns haben den Krieg noch als Kinder oder junge Menschen miterlebt. Als Nachgeborene, die vom Krieg verschont wurden, können wir das damalige Leid, das Elend, den Schmerz und die Trauer kaum richtig ermessen. Aber wir können und müssen die Erinnerung wachhalten an den Krieg und an die Opfer des Krieges. Und wir müssen nach Antworten suchen auf die Fragen, wie es zum Zweiten Weltkrieg gekommen ist, wer die Verantwortung dafür trägt, wer die Täter waren und wer mitgemacht hat.

Und deshalb ist es gut, dass der Bundespräsident vor zwei Tagen in Holte-Stukenbrock an eines der größten deutschen Verbrechen im Zweiten Weltkrieg erinnert hat: „Millionen von Soldaten der Roten Armee sind in deutscher Kriegsgefangenschaft ums Leben gebracht worden – sie gingen an Krankheiten elendig zugrunde, sie verhungerten, sie wurden ermordet. [Über drei] Millionen von Kriegsgefangenen, die doch nach Kriegsvölkerrecht und internationalen Verabredungen in der Obhut der Deutschen Wehrmacht standen." Das waren annähernd 60 Prozent der sowjetischen Kriegsgefangenen, von den westalliierten Kriegsgefangenen kamen nur etwa drei Prozent in deutscher Gefangenschaft um. Der Unterschied: „Anders als im Westen war der Krieg im Osten ... von Anfang an als ein Weltanschauungs-, Vernichtungs- und Ausrottungskrieg geplant – und ... auch geführt, denken wir zum Beispiel an die schreckliche jahrelange Belagerung Leningrads mit dem Ziel des Aushungerns einer Millionenstadt. Denken wir an die Brutalität gegenüber der Zivilbevölkerung in allen besetzten Ländern, ganz besonders aber in der Sowjetunion. Das geschah bewusst und vorsätzlich und auf ausdrücklichen Befehl Adolf Hitlers. Die Wehrmacht setzte diese Befehle bereitwillig um. ... Auch die Wehrmacht hat sich schwerer und schwerster Verbrechen schuldig gemacht."

Angesichts des millionenfachen Sterbens sowjetischer Soldaten in deutschen Gefangenenlagern, welches es schwer macht, klare Unterschiede zwischen diesen Kriegsgefangenen auf der einen und Zwangsarbeitern und KZ-Häftlingen auf der anderen Seite zu treffen, ist es beschämend, dass eine Petition an den Deutschen Bundestag in Sachen Entschädigung dieser Kriegsgefangenen durch den Verein Kontakte-КОНТАКТЫ seit fast zehn Jahren unbeantwortet ist.

II.

Für Halberstadt war der Zweite Weltkrieg – wenn auch nicht seine schlimmen Folgen – schon am 11. April 1945 mit dem Einmarsch der Amerikaner zu Ende. Drei Tage vorher wurde die Festung Harz mit dem Hauptquartier in Blankenburg ausgerufen, von der aus Teile der 11. Armee der Wehrmacht mit Einheiten der Waffen-SS und des Volkssturms versuchten, den Krieg bis zum bittersten Ende fortzusetzen. Ebenfalls am 8. April 1945, bei schönem Wetter, erlebte Halberstadt seinen schlimmsten Bombenangriff mit etwa 1 800 Toten. Aber die Bomben fielen an diesem wie an anderen Tagen, weder in Halberstadt noch sonst in Deutschland, eben nicht aus „heiterem Himmel". Die Bombardierung deutscher Städte wie auch die am 8. April 1945 in Halberstadt haben eine Vorgeschichte, an die wir auch erinnern müssen, die wir nicht vergessen dürfen.

Wir dürfen die Bombardierungen und großflächigen Zerstörungen von Guernica 1937, Warschau 1939 und ab 1940 von Rotterdam, Coventry und London durch die Luftwaffe der deutschen Wehrmacht nicht vergessen.

Wir dürfen nicht vergessen, dass der oberste Befehlshaber der deutschen Wehrmacht, der diese Zerstörungen befohlen hat, zu einem Zeitpunkt, als die Deutschen noch die Wahl hatten, nämlich zur Reichspräsidentenwahl 1932 in Halberstadt, von allen Kandidaten die meisten Stimmen bekommen hat. Am 10. April 1932 haben sich 13 483 Halberstädterinnen und Halberstädter in freier und geheimer Wahl für Adolf Hitler entschieden. Knapp ein Jahr später, am 29. März 1933, in einer nicht mehr ganz so freien Wahl, machte der Halberstädter Stadtrat den späteren Oberbefehlshaber der Wehrmacht zum Ehrenbürger von Halberstadt. Den schon frühzeitig gegebenen Hinweis der politischen Gegner der Nationalsozialisten, dass, wer Hitler wähle, den Krieg wähle, haben leider zu wenige ernst genommen.

Wir dürfen nicht vergessen, dass die Stadt Halberstadt ab Dezember 1934 in zwölf Monatsraten 100 000 Reichsmark als „verlorenen Zuschuss“ an die Junkerswerke überwies, um die Ansiedelung einer Flugzeugfabrik zu befördern. Im September 1944 arbeiteten in den Werksanlagen an der heutigen Rudolf-Diesel-Straße über 7 500 Beschäftigte, darunter knapp die Hälfte Fremd- und Zwangsarbeiter, Kriegsgefangene und etwa 500 KZ-Häftlinge in der Produktion von Tragflächen unter anderem für Ju 88-Bomber. Ein Großteil von Halberstadt lebte von dieser ‚Ökonomie der Zerstörung‘.

Der heutige Gedenkort Franzosen-Kirche, ein Gotteshaus, Anfang des 18. Jahrhunderts als Heimstatt von verfolgten französischen Christen errichtet, wurde am 8. April 1945 durch Bomben zerstört. Wir dürfen nicht vergessen, dass ebenfalls am Anfang des 18. Jahrhunderts ein anderes Gotteshaus in Halberstadt wieder neu errichtet wurde, die Große Synagoge in der Bakenstraße. Diese Synagoge wurde nicht am 8. April 1945, nein, auch nicht am 9. November 1938 zerstört. In der Reichspogromnacht wurde sie „nur“ geplündert, die Inneneinrichtung wurde zerschlagen und alle Tora-Rollen verbrannt. Zerstört wurde sie in den darauffolgenden Monaten auf Anordnung der damaligen Halberstädter Stadtverwaltung, wegen angeblicher Gefahr für die öffentliche Sicherheit und Ordnung, unter Beaufsichtigung der örtlichen Baupolizei und durch Halberstädter Abbrucharbeiter. Die Kosten dieser amtlichen Zerstörung wurden der jüdischen Gemeinde abgepresst.

Der 8. April 1945, als die Bomben auf Halberstadt und seine Kirchen fielen, war der Sonntag nach Ostern, Quasimodogeniti. Wir dürfen nicht vergessen, dass drei Jahre vorher, am 12. April 1942, ebenfalls einem Sonntag nach Ostern, vor dem Einwohnermeldeamt am Dom Halberstädter Juden zusammengetrieben und von uns Deutschen in die Vernichtungslager geschickt wurden. Niemand hat überlebt.

III.

„Der 8. Mai [1945] ist für uns Deutsche kein Tag zum Feiern.“ „Auf dem Weg ins Unheil wurde Hitler die treibende Kraft.“ „Es war Hitler, der zur Gewalt griff.“ „Die meisten Deutschen hatten geglaubt, für die gute Sache des eigenen Landes zu kämpfen und zu leiden.“ „Die Ausführung des Verbrechens [gemeint ist der Völkermord an den Juden] lag in der Hand weniger.“ „Bei uns selbst wurde das Schwerste den Heimatvertriebenen abverlangt.“ Solche Worte wurden früher einmal anlässlich des offiziellen Gedenkens an das Ende des Zweiten Weltkrieges gesagt. Es waren Sätze der beschwichtigenden Rahmung mit denen – 40 Jahre, also mehr als eine ganze Generation, nach Kriegsende – ein anderer Bundespräsident seine eigentlich selbstverständliche Kernaussage umgab: „Der 8. Mai war ein Tag der Befreiung. Er hat uns alle befreit von dem menschenverachtenden System der nationalsozialistischen Gewaltherrschaft. Niemand wird um der Befreiung willen vergessen, welche schweren Leiden für viele Menschen mit dem 8. Mai erst begannen und danach folgten. Aber wir dürfen nicht im Ende des Krieges die Ursache für Flucht, Vertreibung und Unfreiheit sehen. Sie liegt vielmehr in seinem Anfang und im Beginn jener Gewaltherrschaft, die zum Krieg führte. Wir dürfen den 8. Mai 1945 nicht vom 30 Januar 1933 trennen."

Wie wenig selbstverständlich in der ehemaligen Bundesrepublik diese Aussage war, zeigte ein Jahr später der sogenannte Historikerstreit. Namhafte Geschichtsforscher behaupteten, die Nationalsozialisten hätten den „Rassenmord" an den europäischen Juden nur als Reaktion auf den am russischen Bürgertum vollzogenen „Klassenmord" der Bolschewiki und aus Angst davor, selber zu Opfern einer solchen Tat zu werden, begangen. Sie fragten provokant: „War nicht der ‚Archipel Gulag' ursprünglicher als Auschwitz?" und schoben nach, dass der Klassenmord ja eine Erfindung der französischen Revolution und deren „Gleichheitsideologen" gewesen sei. Gegen die These, die Wehrmacht habe durch das Halten der Front im Osten den Weiterbetrieb von Auschwitz ermöglicht und damit eine Mitschuld am Holocaust auf sich geladen, erklärten diese Historiker, die Generäle hätten damals nur den Schutz der Zivilbevölkerung und die Rettung des Reiches im Sinn gehabt. Der Holocaust sei dagegen allein die Schuld Hitlers gewesen. Als Tag der Befreiung könne der 8. Mai 1945 allenfalls für die kleine Gruppe der Holocaust-Überlebenden gelten.

Knapp zehn Jahre später, schon im vereinigten Deutschland, hat eine Ausstellung des Hamburger Instituts für Sozialforschung das verbrecherische Handeln der Wehrmacht wieder zum Thema gemacht. Unter anderem wurde durch über 1 400 zeitgenössische Photos das konkrete Mitmachen von Wehrmachtssoldaten beim Holocaust dokumentiert. Neben Angriffen von Rechtsradikalen und von anderen Unverbesserlichen gab es auch massive Kritik aus der Mitte der Gesellschaft: Damals sei die Armee der einzige anständige Verein gewesen. Außerdem: „Wir sind in einer Diktatur aufgewachsen und hatten gar keine moralischen Maßstäbe, um zu beurteilen, was passiert."

Auch heute im Jahr 2015 gibt es noch die gleichen Stimmen. Zur Armee als einzig anständiger Verein: „ ... es gab damals [im Herbst 1937], bei der Flakartillerie in Bremen-Vegesack keinerlei nationalsozialistische Beeinflussung – überhaupt nicht." Auf die Frage nach Handlungsspielräumen von Soldaten und Vorgesetzten: „Befehle haben kaum eine Rolle gespielt; Gehorsam auch nicht. ... Und eine der beiden Kampftruppen wurde geführt von einem Major ..., der war ein paar Jahre älter als ich, ein wunderbarer Kerl, der ist vor Moskau gefallen. Der brauchte keine Befehle. Der brauchte keinen Gehorsam, der hat alles für selbstverständlich gehalten, was er machte." Zum Hinweis auf das gewollte Aushungern von Leningrad wider das Kriegsrecht: „Meine Generation hat überhaupt nicht gewusst, dass es so etwas gibt wie Völkerrecht, hat nicht gewusst, dass es ein Kriegsvölkerrecht gibt, hat nichts gewusst von der Haager Landkriegsordnung, das war alles völlig unbekannt, absolut unbekannt!" Und zu den Verbrechen der Wehrmacht: „Aber die Wehrmacht insgesamt war nicht verbrecherisch ... Die meisten Soldaten haben sich weder an Verbrechen beteiligt noch Kenntnis davon gehabt."

Dagegen sei hier noch einmal festgehalten: „Aber spätestens heute wissen wir: Auch die Wehrmacht hat sich schwerer und schwerster Verbrechen schuldig gemacht."

IV.

Wie schon erwähnt, war für die Halberstädter der Krieg spätestens am 11. April 1945 vorbei. Nicht so für die bis dahin überlebenden Häftlinge des Konzentrationslagers Langenstein-Zwieberge. Das KZ wurde ab April 1944 eingerichtet, um in den Thekenbergen ein etwa 730 000 Quadratmeter großes Hallen und Stollensystem mit primitivsten Mittel in den Berg zu brechen. Dort sollte die unterirdische Rüstungsproduktion vor den alliierten Bombenangriffen geschützt werden.

Ein Teil der Häftlinge war vorher im Außenlager bei Junkers in Halberstadt eingesetzt. Paul Le Goupil erinnert sich: „Wir arbeiteten abwechselnd eine Woche tagsüber und eine Woche nachts, und da die Arbeit nie unterbrochen wurde – abgesehen von außergewöhnlichen Ereignissen, Weihnachten zum Beispiel –, hatten wir alle vierzehn Tage eine Ruhepause von vierundzwanzig Stunden und ebenfalls alle vierzehn Tage eine ununterbrochene Schicht von vierundzwanzig Stunden. Es ist sogar vorgekommen – ich weiß nicht mehr bei welcher Gelegenheit –, dass wir ununterbrochen 30 Stunden arbeiteten, doch die Fließbänder mussten angehalten werden, weil die meisten Arbeiter auf den Flügelträgern einschliefen. Glücklicherweise gab es Fliegeralarme, während der wir uns ausruhen konnten; ... Die Nachtalarme waren für uns interessanter, denn dann konnten wir schlafen."

Über den Stollenbau hat ein Häftling auf der Rückseite von alten Rechnungen eine Art Tagebuch geführt, das sich zufällig erhalten hat. Jeder Tag eine Zeile, selten zwei, vom 1. November 1944 bis zum 7. Januar 1945. Ich zitiere es in der Zusammenfassung von Paul Le Goupil und Roger Leroyer: „1.11. Arbeit im Stollen, Schläge, 8 Std. / 3.11. Zement 12 Std. / 4.11. 12 Std. Transport Eisenbahn. 24 Schienen / 5. Sonntag 7 Std. Zement / 6. 12 Std. Zement / 7. Kalt. Arbeit im Regen. Wieder Gleise. 24 Std. Zement. / 8. 12 Std. Loser Zement. Sehr kalt. / 9. 12 Std. Schippe. Hacke. Gleise aufschütten. Eisenträger entladen. / 10. 12 Std. 1 100 Zementsäcke für 9 Mann. 2 wurden gehängt. Ziegelsteine angekommen. / 11. 12 Std. Zement. / 12. Sonntag 7 Std. Ziegelsteine und Platten. / Vom 12. bis 15. 12 Std. Schneefall. Zement. / vom 16. bis 28. 12 Std. zwischen 200 und 800 Zementsäcke. Kalt -5 -6[°C] / 29. 18 Std. Arbeit. / 30. Arbeit von 6.00 bis 6.00 24 Std. / vom 1. bis 9. Dezember 12 Std. Zement / Sonntag, 10. keine Arbeit / 11. und 12. Zement 12 Std. / 13. und 14. 24 Std. Arbeit, 3 Std. Pause. Zementwaggons. / vom 15. bis 24. immer 12 Std. Zement / 25. Keine Arbeit. Gedanken an die Familie. Sehr kalt -15°C WEIHNACHTEN / 26. Große Kälte -17°C / 27. bis 30. 12 Std. / Sonntag 31. Keine Arbeit. Nutzen zum Ausruhen, aber unmöglich bei der Stubenzusammensetzung. / 1. Januar Keine Arbeit. Unterhaltsame Gesangsvorstellung. / 2. Zement / 3. Stollen. Verschalung des Lüfters. / 4., 5., 6. 12 Std. Zement / Sonntag, 7. 8 Std. Zement." Die Zeit für den An- und Abmarsch und die Apell-Zeiten in eisiger Kälte sind nicht erwähnt.

Am 8. April 1945 waren schon über 2 000 Häftlinge an der „Verschrottung, Vernichtung durch Arbeit", so Arno Lustiger, krepiert. Kein Licht am Ende des Tunnels, des Stollens. Für den Großteil der Überlebenden ging das Morden weiter. Einige mussten zunächst in den Trümmern von Halberstadt Aufräumarbeiten leisten, um dann am nächsten Tag mit den anderen noch „transportfähigen" Häftlingen von ihren deutschen Bewachern auf einen dreiwöchigen Todesmarsch quer durch Mitteldeutschland getrieben zu werden. Victor Oden berichtet: „Sonntag, 8. April und Montag, 9. April Bombenangriff Halberstadt. Wie jeden Tag, töte ich auch heute an die 100 Läuse. Es scheint, dass heute Abend das Lager geräumt wird. Tatsächliche Evakuierung der Gesunden am Abend 18.00 Uhr. 35 km Nachtmarsch. ... Donnerstag, 12. April Ich esse verschimmeltes Getreide, Brennesseln, Gras. Das füllt den Magen. Ich bin durch dieses Getreide nahe daran, umzukommen. Die Kanonen donnern mehr und mehr. ... Donnerstag, 19. April 1/8 Brot. 55 km Marsch. Die SS fährt fort, jene zu töten, die nicht mehr marschieren können. Man schlägt die Richtung gegen Cottbus ein. Wir passieren einen Fluß, es war die Elbe bei Torgau. In Jessen werden Pruvost und Mazeas ermordet."

Nur ungefähr 500 der etwa 3 000 Häftlinge haben diesen Marsch überlebt. Auch von den über 1 400 im Lager zurückgelassenen kranken Kameraden starben nach der Befreiung durch die Amerikaner noch Hunderte.

Heute vor 70 Jahren am 8. Mai 1945 endete der Zweite Weltkrieg. Georges Petit, Widerstandskämpfer, im September 1943 von der Gestapo in Dijon verhaftet, Anfang Januar 1944 nach Buchenwald deportiert, am 22. Mai 1944 nach Langenstein-Zwieberge überstellt, konnte am 21. April 1945 auf dem Todesmarsch fliehen und hat sich noch 14 Tage bis zu seiner endgültigen Befreiung bei einem Bauern versteckt.

Georges Petit soll das letzte Wort behalten: „Am 9. Mai 1945 nahm ich mein erstes Bad als freier Mann, als ein Mensch, der selbst sein Vergnügen und seine Handlung bestimmt. Obwohl ich große Angst vor der Kälte hatte, sprang ich von dem hohen Ufer ins Wasser. Ich hatte das Gefühl, in einen Eisblock einzutauchen. Begeistert schwamm ich bis zu einer etwa zehn Meter entfernten Treppe. Als ich diese dann hinaufstieg, erfasste mich großer Jubel, denn ich sah, dass meine Haut im Wasser eine rosa Farbe bekommen hatte. Jetzt war ich kein Untermensch mehr, der Gefahr lief auf sinnlose Art an Erkältung und Erschöpfung zu sterben. Ich war wieder ein freier Mensch – allerdings frierend. Ich war eben einfach ein Mensch."

***

Volker Bouffier
Geb. 1951 in Gießen, Jurist und Notar, seit 2010 Landesvorsitzender der hessischen CDU, stellv. CDU-Bundesvorsitzender und Ministerpräsident des Landes Hessen. Seit dem 1. November 2014 Präsident des Bundesrates.

Richard Drexl
Geb. 1952 in Weil (Landsberg/Lech), Oberst a. D. und Präsident des Bayrischen Soldatenbundes 1974 e. V. (BSB). Maschinenschlosserlehre, Studium der Luft-und Raumfahrzeugtechnik, Offiziersausbildung und -laufbahn bei der Bundeswehr, zuletzt 2008-2013 Kommandeur Technische Schule der Luftwaffe 1 in Kaufbeuren.

Joachim Gauck
Geb. 1940 in Rostock, evangelisch-lutherischer Pastor, führendes Mitglied und Mitbegründer des Neuen Forums in Rostock, 1990-2000 Bundesbeauftragter für die Unterlagen des Staatssicherheitsdienstes der ehemaligen Deutschen Demokratischen Republik (BStU), 2003 bis 2012 Vorsitzender der Vereinigung „Gegen Vergessen – Für Demokratie“, seit März 2012 Bundespräsident.

Dr. Norbert Lammert
Geb. 1948 in Bochum, Sozialwissenschaftler, seit 1980 Mitglied des Deutschen Bundestages (CDU), 1989-1998 Parlamentarischer Staatssekretär, seit 2005 Präsident des Deutschen Bundestages, seit 2008 Honorar-

professur an der Fakultät für Sozialwissenschaft der Ruhr-Universität Bochum.

Markus Meckel
Geb. 1952 in Müncheberg (Brandenburg), Pfarrer, Mitinitiator der Gründung der Sozialdemokratischen Partei in der DDR (SDP), nach der ersten freien Wahl vom 12. April bis zum 20. August 1990 Außenminister der DDR, 1990-2009 Mitglied des Deutschen Bundestages (SPD), seit 2013 Präsident des Volksbundes Deutsche Kriegsgräberfürsorge.

Michael Müller
Geb. 1964 in Berlin-Tempelhof, kaufmännische Lehre zum Drucker, 2001-2011 SPD-Fraktionsvorsitzender im Abgeordnetenhaus von Berlin, 2004-2012 Vorsitzender des SPD-Landesverbandes Berlin, 2011-2014 Bürgermeister und Senator für Stadtentwicklung und Umwelt, seit dem 11. Dezember 2014 Regierender Bürgermeister von Berlin.

Prof. Dr Rainer O. Neugebauer
Geb. 1954 in Wilhelmshaven, Hochschullehrer für Sozialwissenschaften mit den Schwerpunkten Politikwissenschaft und Staatsrecht an der Hochschule Harz in Halberstadt, Gründungsdekan des Fachbereichs Verwaltungswissenschaften der Hochschule Harz.

Prof. Dr. Martin Sabrow
Geb. 1954 in Kiel, Historiker und Politikwissenschaftler, Direktor des Zentrums für Zeithistorische For-

schung (ZZF) in Potsdam, Professor für Neueste Geschichte und Zeitgeschichte an der Humboldt-Universität zu Berlin.

Dr. Frank-Walter Steinmeier
Geb. 1956 in Detmold, Jurist, Sozialdemokrat, 1999 bis 2005 Chef des Bundeskanzleramtes unter Gerhard Schröder, 2005-2009 und seit 2013 Bundesminister des Auswärtigen.

Prof. Dr. Heinrich August Winkler
Geb. 1938 in Königsberg (Ostpreußen), Historiker, 1971-2008 Professuren an der Freien Universität Berlin, Albert-Ludwigs-Universität Freiburg und Humboldt-Universität Berlin.

Bisher erschienen

Band 1: „Darf der Rote Baron wieder Held sein?" Politisch-wissenschaftliches Kolloquium in der Jerusalemkirche, Berlin, 16. Oktober 2008; Kassel 2008.

Band 2: Rolf Wernstedt: Deutsche Erinnerungskulturen seit 1945 und der Volksbund Deutsche Kriegsgräberfürsorge e. V.; Kassel 2009.

Band 3: Den Frieden gewinnen: Ansprachen zum Volkstrauertag 2009; Kassel 2009.

Band 4: Gemeinsam erinnern. Beiträge aus dem Workshop „Gedenkkultur und Zukunftsperspektiven im Bereich der universitären Ausbildung", Wolgograd, 25. Juni 2009; Kassel 2010.

Band 5: Vertrauen ist etwas Kostbares. Ansprachen zum Volkstrauertag 2010; Kassel 2011.

Band 6: Tätiges Erinnern. Ansprachen zum Volkstrauertag 2011; Kassel 2012.

Band 7: Zwischen Usedom und Uznam. Die Geschichte der deutsch-polnischen Grenze 1945-1951; Kassel 2012.

Band 8: Zur Konkurrenz der Erinnerungskulturen in Deutschland, Frankreich und Polen; Kassel 2012.

Band 9: Frieden ist ein Privileg. Ansprachen zum Volkstrauertag 2012; Kassel 2013.

Impressum

Herausgeber
Volksbund Deutsche Kriegsgräberfürsorge e. V.
Werner-Hilpert-Straße 2, 34112 Kassel
Telefon: 0561-7009-0, Telefax: 0561-7009-221
E-Mail: info@volksbund.de
Internet: www.volksbund.de

Spendenkonto
Bank: Commerzbank Kassel
IBAN: DE23 5204 0021 0322 2999 00

Verantwortlich
Daniela Schily, Generalsekretärin

Redaktion
Dr. Nils Köhler

Gestaltung und Satz
Dr. Martin Dodenhoeft

Druck
GGP Media GmbH, Pößneck, 2015-12,5

Titelbild
Bundespräsident Joachim Gauck auf der Gedenkveranstaltung zum 70. Jahrestag des Endes des Zweiten Weltkrieges am 6. Mai 2015 in der Gedenkstätte Stukenbrock bei Bielefeld. Foto: Bundespräsidialamt/Boelsch

---

Gefördert durch

Lützowufer 1, 10785 Berlin
www.GedenkenundFrieden.de
info@GedenkenundFrieden.de
Tel. 0800 - 7777 - 001
Fax 0561 - 7009 - 221

Stiftung Gedenken und Frieden